编写委员会

丛书主编：闵庆文　邵建成

主　　编：刘某承　闵庆文　何惠民

副主编：张正春　梁　勇　杨　伦

编　　委（按姓名笔画排序）：

　　　　　刘昕代　闫国庆　张永勋　林惠凤

　　　　　赵贵根　顾兴国　廉永善　熊　英

丛书策划：宋　毅　刘博浩　张丽四

中国重要农业文化遗产系列读本

闵庆文　邵建成　◎丛书主编

GANSU DIEBU ZHAGANA NONGLINMU FUHE XITONG

甘肃迭部扎尕那农林牧复合系统

刘某承　闵庆文　何惠民　主编

中国农业出版社

农村读物出版社

图书在版编目（CIP）数据

甘肃迭部扎尕那农林牧复合系统 / 刘某承，闵庆文，何惠民主编. —
北京：中国农业出版社，2017.8
（中国重要农业文化遗产系列读本 / 闵庆文，邵建
成主编）
ISBN 978-7-109-22801-6

Ⅰ.①甘…　Ⅱ.①刘…②闵…③何…　Ⅲ.①农林复合系统—研究—
迭部县 Ⅳ.① F327.424

中国版本图书馆CIP数据核字（2017）第052977号

中国农业出版社出版
（北京市朝阳区麦子店街18号楼）
（邮政编码　100125）
文字编辑　卫晋津　李梅
责任编辑　程燕　芦建华

北京中科印刷有限公司印刷　新华书店北京发行所发行
2017年8月第1版　2017年8月北京第1次印刷

开本：710mm×1000mm　1/16　印张：12.25
字数：250千字
定价：49.00元
（凡本版图书出现印刷、装订错误，请向出版社发行部调换）

我国是历史悠久的文明古国，也是幅员辽阔的农业大国。长期以来，我国劳动人民在农业实践中积累了认识自然、改造自然的丰富经验，并形成了自己的农业文化。农业文化是中华五千年文明发展的物质基础和文化基础，是中华优秀传统文化的重要组成部分，是构建中华民族精神家园、凝聚炎黄子孙团结奋进的重要文化源泉。

党的十八大提出，要"建设优秀传统文化传承体系，弘扬中华优秀传统文化"。习近平总书记强调指出，"中华优秀传统文化已经成为中华民族的基因，植根在中国人内心，潜移默化影响着中国人的思想方式和行为方式。今天，我们提倡和弘扬社会主义核心价值观，必须从中汲取丰富营养，否则就不会有生命力和影响力。"云南哈尼族稻作梯田、江苏兴化垛田、浙江青田稻鱼共生系统，无不折射出古代劳动人民吃苦耐劳的精神，这是中华民族的智慧结晶，是我们应当珍视和发扬光大的文化瑰宝。现在，我们提倡生态农业、低碳农业、循环农业，都可以从农业文化遗产中吸收营养，也需要从经历了几千年自然与社会考验的传统农业中汲取经验。实践证明，做好重要农业文化遗产的发掘保护和传承利用，对于促进农业可持续发展、带动遗产地农民就业增收、传承农耕文明，都具有十分重要的作用。

中国政府高度重视重要农业文化遗产保护，是最早响应并积极支持联合国粮农组织全球重要农业文化遗产保护的国家之一。经过十几年工作实践，我国已经初步形成"政府主导、多方参与、分级管理、利益共享"的农业文化遗产保护管理机制，有力地促进了农业文化遗产的挖掘和保护。2005年以来，已有11个遗产地列入"全球重要农业文化遗产名录"，数量名列世界各国之首。中国是第一个开展国家级农业文化遗产认定的国家，是第一个制定农业文化遗产保护管理办法的国家，也是第一个开展全国性农业文化遗产普查的国家。2012年以来，农业部分三批发布了62项"中国重要农业文化遗产"，2016年发布了28项全球重要农业文化遗产预备名单。2015年颁布了《重要农业文化遗产管理办法》，2016年初步普查确定了具有潜在保护价值的传统农业生产系统408项。同时，中国对联合国粮农组织全球重要农业文化遗产保护项目给予积极支持，利用南南合作信托基金连续举办国际培训班，通过APEC、G20等平台及其他双边和多边国际合作，积极推动国际农业文化遗产保护，对世界农业文化遗产保护做出了重要贡献。

当前，我国正处在全面建成小康社会的决定性阶段，正在为实现中华民族伟大复兴的中国梦而努力奋斗。推进农业供给侧结构性改革，加快农业现代化建设，实现农村全面小康，既要借鉴世界先进生产技术和经验，更要继承我国璀璨的农耕文明，弘扬优秀农业文化，学习前人智慧，汲取历史营养，坚持走中国特色农业现代化道路。《中国重要农业文化遗产系列读本》从历史、科学和现实三个维度，对中国农业文化遗产的产生、发展、演变以及农业文化遗产保护的成功经验和做法进行了系统梳理和总结，是对农业文化遗产保护宣传推介的有益尝试，也是我国农业文化遗产保护工作的重要成果。

我相信，这套丛书的出版一定会对今天的农业实践提供指导和借鉴，必将进一步提高全社会保护农业文化遗产的意识，对传承好弘扬好中华优秀文化发挥重要作用！

农业部部长
2017年6月

自有人类历史文明以来，勤劳的中国人民运用自己的聪明智慧，与自然共融共存，依山而住、傍水而居，经过一代代努力和积累，创造出了悠久而灿烂的中华农耕文明，成为中华传统文化的重要基础和组成部分，并曾引领世界农业文明数千年，其中所蕴含的丰富的生态哲学思想和生态农业理念，至今对于国际可持续农业的发展依然具有重要的指导意义和参考价值。

针对工业化农业所造成的农业生物多样性丧失、农业生态系统功能退化、农业生态环境质量下降、农业可持续发展能力减弱、农业文化传承受阻等问题，联合国粮农组织（FAO）于2002年在全球环境基金（GEF）等国际组织和有关国家政府的支持下，发起了"全球重要农业文化遗产（GIAHS）"项目，以发掘、保护、利用、传承世界范围内具有重要意义的，包括农业物种资源与生物多样性、传统知识和技术、农业生态与文化景观、农业可持续发展模式等在内的传统农业系统。

全球重要农业文化遗产的概念和理念甫一提出，就得到了国际社会的广泛响应和支持。截至2014年年底，已有13个国家的31项传统农业系统被列入GIAHS保护名录。经过努力，在2015年6月结束的联合国粮农组织大会上，已明确将GIAHS工作作为一项重要工作，纳入常规预算支持。

中国是最早响应并积极支持该项工作的国家之一，并在全球重要农业文化遗产申报与保护、中国重要农业文化遗产发掘与保护、推进重要农业文化遗产领域的国际合作、促进遗产地居民和全社会农业文化遗产保护意识的提高、促进遗产地经济社会可持续发展和传统文化传承、人才培养与能力建设、农业文化遗产价值评估和动态保护机制与途径探索等方面取得了令世人瞩目的成绩，成为全球农业文化遗产保护的榜样，成为理论和实践高度融合的新的学科生长点、农业国际合作的特色工作、美丽乡村建设和农村生态文明建设的重要抓手。自2005年"浙江青田稻鱼共生系统"被列为首批"全球重要农业文化遗产系统"以来的10年间，我国已拥有11个全球重要农业文化遗产，居于世界各国之首；2012年开展中国重要农业文化遗产发掘与保护，2013年和2014年共有39个项目得到认定，成为最早开展国家级农业文化遗产发掘与保护的国家；重要农业文化遗产管理的体制与机制趋于完善，并初步建立了"保护优先、合理利用，整体保护、协调发展，动态保护、功能拓展，多方参与、惠益共享"的保护方针和"政府主导、分级管理、多方参与"的管理机制；从历史文化、系统功能、动态保护、发展战略等方面开展了多学科综合研究，初步形成了一支包括农业历史、农业生态、农业经济、农业政策、农业旅游、乡村发展、农业民俗以及民族学与人类学等领域专家在内的研究队伍；通过技术指导、示范带动等多种途径，有效保护了遗产地农业生物多样性与传统文化，促进了农业与农村的可持续发展，提高了农户的文化自觉性和自豪感，改善了农村生态环境，带动了休闲农业与乡村旅游的发展，提高了农民收入与农村经济发展水平，产生了良好的生态效益、社会效益和经济效益。

习近平总书记指出，农耕文化是我国农业的宝贵财富，是中华文化的重要组成部分，不仅不能丢，而且要不断发扬光大。农村是我国传统文明的发源地，乡土文化的根不能断，农村不能成为荒芜的农村、留守的农村、记忆中的故园。这是对我国农业文化遗产重要性的高度概括，也为我国农业文化遗产的保护与发展指明了方向。

　　尽管中国在农业文化遗产保护与发展上已处于世界领先地位，但比较而言仍然属于"新生事物"，仍有很多人对农业文化遗产的价值和保护重要性缺乏认识，加强科普宣传仍然有很长的路要走。在农业部农产品加工局（乡镇企业局）的支持下，中国农业出版社组织、闵庆文研究员担任丛书主编的这套"中国重要农业文化遗产系列读本"，无疑是农业文化遗产保护宣传方面的一个有益尝试。每本书均由参与遗产申报的科研人员和地方管理人员共同完成，力图以朴实的语言、图文并茂的形式，全面介绍各农业文化遗产的系统特征与价值、传统知识与技术、生态文化与景观以及保护与发展等内容，并附以地方旅游景点、特色饮食、天气条件。可以说，这套书既是读者了解我国农业文化遗产宝贵财富的参考书，同时又是一套农业文化遗产地旅游的导游书。

　　我十分乐意向大家推荐这套丛书，也期望通过这套书的出版发行，使更多的人关注和参与到农业文化遗产的保护工作中来，为我国农业文化的传承与弘扬、农业的可持续发展、美丽乡村的建设做出贡献。

　　是为序。

李文华

中国工程院院士

联合国粮农组织全球重要农业文化遗产指导委员会主席

农业部全球/中国重要农业文化遗产专家委员会主任委员

中国农学会农业文化遗产分会主任委员

中国科学院地理科学与资源研究所自然与文化遗产研究中心主任

2015年6月30日

　　2002年联合国粮农组织（FAO）发起"全球重要农业文化遗产（GIAHS）"保护以来，我国作为最早参与该活动的国家之一，在重要农业文化遗产的挖掘、保护、传承和利用方面取得了卓越的成绩。农业部于2012年开展中国重要农业文化遗产发掘工作，目前全国共有62个传统农业系统被认定为中国重要农业文化遗产。"甘肃迭部扎尕那农林牧复合系统"继于2013年被认定为首批"中国重要农业文化遗产（China-NIAHS）"之后，又于2016年3月被农业部列入中国全球重要农业文化遗产预备名单。

　　"甘肃迭部扎尕那农林牧复合系统"位于青藏高原、黄土高原与成都盆地三大地形及华中华南亚热带湿润区、华北暖温带湿润半湿润区和高原边缘湿润带三大气候带的交汇区，是藏汉文化以及农牧过渡带。当地居民与这种独特的地理生态区位和高寒贫瘠的自然条件协同进化、不断演进，形成了相对封闭、完整、紧密又自给自足的独特的农业生产方式，呈现出农林牧复合的农业生态与农业经济特色。宏观上表现为垂直地带和水平空间上农林牧的复合；微观上表现为对土地、森林、草地和物种品种资源的循环与合理利用。该系统突破了单一狭隘的产业限制，以生产多样化的产品满足日常生活和生产所需，并具有生物多样性保护、水源涵养和水土保持等重要的生态功能。此外，特殊的区位造就了独特的自然与人文景观，游牧文化、藏传佛教文化、民俗文化相互交融，各种形态的民俗风情、歌舞音乐、民间工艺等传统文化世代相传。这些对农业的可持续发展和传统文化的复兴具有重要的启示作用，对其他地方农业文化遗产的保护和农业功能的多样化发展具有重要的借鉴作用。

本书是中国农业出版社生活文教分社策划出版的"中国重要农业文化遗产系列读本"之一，旨在为广大读者打开一扇了解扎尕那农林牧复合系统这一中国重要农业文化遗产的窗口，提高全社会对农业文化遗产及其价值的认识和保护意识。全书包括七个部分："引言"简要介绍了扎尕那农林牧复合系统的概况；"走进迭部扎尕那"介绍了迭部县及扎尕那的自然环境、历史沿革以及迭部县在近现代历史中的重要意义；"人与自然和谐共生的农林牧复合系统"介绍了该系统独特的自然资源、多样化的物质产品、立体布局的景观结构、丰富的生物多样性和重要的生态服务功能；"藏汉文明交融的农林牧复合系统"介绍了当地丰富多样的文化传承，包括藏族游牧文化、藏传佛教文化、汉族农耕文化等；"知识技术完备的农林牧复合系统"介绍了当地居民在与自然条件协同进化的过程中所孕育出的丰富的传统农业技术与知识；"未来之路：握住世界的手"分析了该系统面临的重大机遇和挑战，并提出了发展方向和对策；"附录"部分提供了遗产地旅游资讯、遗产保护大事记和全球/中国重要农业文化遗产名录。

本书是在扎尕那农林牧复合系统农业文化遗产申报文本、保护与发展规划的基础上，通过进一步调研编写完成的，是集体智慧的结晶。全书由刘某承、闵庆文、何惠民设计框架，刘某承、闵庆文、杨伦统稿。本书编写过程中，得到了李文华院士的具体指导及迭部县有关部门和领导的大力支持，在此一并表示感谢！

由于水平有限，难免存在不当甚至谬误之处，敬请读者批评指正。

编者

2017年2月20日

　　早在新石器时期，白龙江沿岸便已有人类繁衍生息的足迹，"马家窑文化""齐家文化"和"寺洼文化"的古老遗存，记录着迭部地区游牧文明的萌芽。三国时期，蜀相诸葛亮伐魏，迭部遂归蜀汉益州阴平郡所辖，蜀汉名将姜维在东峇中屯兵种麦储粮，将内地先进的汉民族农业文明引进到迭部。自公元312年至公元663年的吐谷浑时期，汉地农耕文化和藏区游牧文化相互融合，迭部地区形成了早期的农林牧复合模式。到明清"杨土司"治理时期，该地区农林牧复合系统成熟发展。

　　扎尕那农林牧复合系统位于青藏高原、黄土高原与成都盆地三大地形及华中华南亚热带湿润区、华北暖温带湿润半湿润区和高原边缘湿润带三大气候带的交汇区，植被类型介于高寒草原地带、温带北部草原地带和暖温带南部落叶栎林地带的交汇处，是藏汉文化以及农牧过渡带。当地居民与这种独特的地理生态区位和高寒贫瘠的自然条件协同进化、不断演进，形成了相对封闭、完整、紧密又自给自足的独特的农业生产方式，呈现出农林牧复合的农业生态与农业经济特色。

　　扎尕那农林牧复合系统依照生态环境呈现立体布局，农田、河流、民居、寺庙与周围山体、森林和草地相映衬，形成别具韵味的田园生活空间。在河流两岸滩地，平均海拔500～2 500米，阶地较宽，土壤肥沃，水源充足，历史上逐渐形成了耕地连片、阡陌交错的农业景观。田地之间种植杨树、柳树，河岸边一般为小片森林与草地。河谷两岸的低位山地带，海拔为2 000～2 600米，为岠状丘陵沟壑，形成了林地同草地相间分布的状态，一般放养蕨麻猪和黄牛或犏牛。海拔2 600～2 800米的高位地带，称为脑山地区，一般为草原牧场、灌丛与森林地带。4 000米以上高山，多为积雪、冰川或裸岩地带。

根据这种地形特点，当地居民形成了在河滩川水地耕种，浅山林地与草地相间，脑山地放牧这样一种垂直立体的农牧业生产类型。上层山体坡度带来的雨水保证了聚落内气候的湿润和农田的灌溉，北侧两座山体之间的谷地又形成了自然的防洪区；而人类活动主要集中在下层。这样的上下空间组成了维持聚落生态系统良好的区域循环，是高度适应地理环境的最佳布局，呈现出农、牧、林相互依存又优势互补的复合生态系统。

自古以来，这里的居民随着季节的转换不断地变换着从事游牧、农耕、狩猎和樵采等多种不同职业，他们既是牧民，也是农民、猎人和樵夫，每人身兼多个职业。可以说，农林牧复合也是当地居民生活的需要。首先，农林牧复合可满足农民正常生活的需要，种植业提供了面粉、蔬菜等食品；牧业提供了奶、肉类等食品以及皮毛；森林提供了房屋建筑、林下副食以及药材，从而保证了高原寒冷地区的最低生活需要；其次，农林牧复合在生产方面可相互补益。家畜可为农事提供畜力、肥料；种植业为家畜提供饲料；森林为当地特有蕨麻猪的放养场地；最后，扎尕那农林牧复合系统地处甘、青、川三省交界地带，自古以来就是内地与藏区进行经济文化交流的桥梁和纽带。特殊的区位造就了独特的自然与人文景观，游牧文化、藏传佛教文化、民俗文化相互交融，各种形态的民俗风情、歌舞音乐、民间工艺等传统文化世代相传。农林牧复合也是维护藏族传统生活方式与传统文化的基础。藏族的传统文化、经济活动、生活方式、风俗习惯、礼仪行为、文学艺术、宗教活动都离不开糌粑、手抓羊肉、蕨麻猪。

扎尕那农林牧复合系统地处高寒贫瘠的生态脆弱地区，又处于《中国生物多样性保护战略与行动计划（2011—2030年）》中所确定的生物多样性保护优先区域，同时位于长江和黄河分水岭的上游地带，是重要的水源涵养区。因此，扎尕那农林牧复合系统不仅在保障当地居民的生计安全方面提供多样化和较全面的物质产品，更具有重要的生态功能——生物多样性保护、水源涵养和水土保持，是我国中东部地区重要的生态环境屏障，对维护区域生态平衡和生态安全具有重要作用。

同时，扎尕那农林牧复合系统突破了单一狭隘的产业限制，通过多种物质产品的提供来满足消费者的需求；通过在生态关系调整、系统结构功能整合等方面的微妙处理，充分发挥了生态系统的环境功能，维持生态平衡和生存环境；通过不同时节种植业、畜牧业和林业采摘等多种生产活动的合理搭配，充分利用了劳动力。系统具有较强的自然和社会经济地域性特征，既表现了自然界的多样性，同时又为文化的多样性和独特性奠定了自然基础，赋予了农业更为广阔和丰富的内涵，促使农业的功能在现代社会向多样化方向发展。

虽然迭部县植被丰富，林草覆盖率高，但由于岩石易风化，森林棕壤与山地褐土等土壤可蚀性较强，土层薄，难蓄水；山高坡陡，地形破碎，沟壑纵横；降水的时空分布不均，春夏干旱少雨，秋季阴雨连绵，暴雨成灾；地面坡度大、植被差，降水来不及下渗，形成地面径流，进而诱发山洪、滑坡、崩塌、泥石流等地质灾害。另外，为满足人口增长对粮食需求的增大而进行的刀耕火种式的毁林垦荒，牧场过载过牧，过量采伐森林，淘金、挖药、开矿等盲目开发自然资源以及修路、筑坝等基础工程建设都改变了自然系统中的物质能量流动，造成了水土流失，破坏了生态平衡。

鉴于此，2012年迭部县人民政府决定以申报主要农业文化遗产为契机，制定保护与发展规划以及管理措施，希望通过动态保护、适应性管理和可持续利用，保护这种古老的生产方式，传承特色的藏汉文化，使农林牧复合系统在涅盘中重生，促进当地的可持续发展。可喜的是，2013年，迭部县扎尕那农林牧复合系统成功入选我国第一批"中国重要农业文化遗产"；2016年，又入选农业部"全球重要农业文化遗产预备名单"。我们相信，系统开展扎尕那农林牧复合系统农业文化遗产的保护，不仅可以更好地保护当地的自然生态环境，传承藏汉文化；同时，合理开发、适度利用扎尕那农林牧复合系统农业文化遗产的资源优势、景观优势、文化优势，可以提高扎尕那地区的知名度，促进旅游产业的合理有序发展；进而带动迭部县社会经济发展，实现人与自然和谐发展，推进生态文明建设。

走进迭部 扎尔那

一

甘肃迭部扎尔那农林牧复合系统

"靠山边栖息着一座寺院叫拉桑寺，在它下面是迭部人的村庄，房子挨着房子，还有小麦和青稞的梯田，在所有这些的后面，就是巨大的石灰岩山，郁郁葱葱的云杉和冷杉布满峡谷和坡地。我平生未见如此绮丽的景色。如果《创世纪》的作者曾看见迭部的美景，将会把亚当和夏娃的诞生地放在这里。"

——《美国国家地理》探险家约瑟夫·洛克（1925 年）

扎尕那的秋色（迭部县农牧局/提供）

（一）

迭部藏区的绿色王冠

迭部地处青藏高原东部边缘，甘南藏族自治州南部的甘川交界处，古称叠州，藏语的意思是"大拇指"，被称为山神"摁"开的地方。相传涅甘达娃山神途经迭部，被巍峨层叠的巨石挡住去路，他伸出拇指轻轻一摁，顿时石破天惊，霞光辉映，云雾深处，高山峡谷相依森林湖泊，百鸟鸣唱呼应呦呦鹿鸣。涅甘达娃山神被眼前美景深深吸引，遂化身为石驻守其中，这便是"迭部"这个名称的来历。

1. 自然环境

地理特征。迭部县位于甘肃省甘南藏族自治州东南部，北靠卓尼，东连舟曲，东北与宕昌哈达铺毗邻，西南分别和四川若尔盖县、九寨沟县接壤。迭部县地处东经102°55′~104°05′，北纬33°39′~34°20′，海拔高度1 600~4 920米。东西长110千米，南北宽75千米，总面积为5 108.3平方千米。

迭部县县城海拔为2 400米，县域地形自西北向东南倾斜，相对高差最大2 900米，平均坡度30°~35°，境内白龙江干流自西向东横穿岷、迭两大山系水系。北部迭山主峰4 920米，为黄河水系与水系的分水岭，县内海拔最低处为洛大地区，海拔1 500米左右。区内海拔3 700米以上山地保存着古代山谷冰川侵蚀地貌，强烈风化所形成的泥石滩以及冰斗、角峰、悬崖耸立，构成了壮丽的自然景观。

气候特征。迭部县位于白龙江上游，属北亚热带气候与青藏高原东部边缘高寒气候的过渡性气候。境内气候温和湿润，四季分明。年平均气温7.5℃，年平均降水量568毫米，年平均蒸发量1 444.2毫米，年平均日照时数2 308小时，年平均风速为1.8米/秒。最热月在7月，极端高温35.5℃，平均气温16.3℃；最冷月在1月，极端最低气温-19.9℃，平均气温-4.0℃。相对湿度52%~76%，年平均相对湿度65%。年平均降水日数（≥0.1毫米降水）为135.7天，降水量极值55.4毫米（1978年8月31日）。年平均总云量6.5成，年平均低云量3.4成。地面平均气温10.2℃，地面极端最高温度68.8℃，地面极端最低温度-26.7℃，平均气压763.8百帕。年均无霜期134天，最大冻土深度70厘米。受区域小地形影响，气候垂直变化明显，境内气象灾害较为频繁。

土壤条件。迭部地处秦岭以东复杂构造带，土壤主要以千枚岩、板岩、石灰岩风化发育而成，并随坡向及海拔的变化而有所不同。从大范围水平分布来看，全县土壤处于棕壤、褐土地带。但由于本区地处青藏高原东侧高山峡谷区，地形和海拔高度变幅大，土壤在水平和垂直方向上的分布都有明显差异。土壤相应垂直带谱为新积土—褐土—棕壤—暗棕壤—高山草甸土及亚高山草甸土—高山寒漠土。在垂直区域：①海拔2 000～2 600米多为山地森林褐土（主要分布在山坡下部阴坡、半阴坡，植被为针阔混交林及杂草灌丛），土层较薄，腐殖质层不明显，肥力较低，pH为6.5～8.5，质地为中壤。②海拔2 600～3 000米为山地棕壤（植被为暗针叶林，多为藓类、剑竹、云杉林或针阔混交林），土层较厚，腐殖质和枯枝落叶较多，肥力高，pH6.0～8.0，质地为轻壤。③海拔3 000～3 800米为山地暗棕壤（多为杜鹃冷杉林），土层较厚，肥力中，pH6.0～6.8。④海拔3 800米以上为高山灌丛草甸土（植被为灌丛草甸）。土层较薄，肥力差，pH6.0～7.0，质地为中壤。

2. 社会经济

迭部县城全景（迭部县农牧局/提供）

行政区划。迭部古称"叠州"，藏语是"大拇指"的意思。秦时，属陇西郡。北周时置叠州。汉武帝时，大将军李广征西，置武都郡。唐贞观元年属陇右道。明、清属洮州卫、厅管辖。民国年间为卓尼设治局管辖之迭部区。新中国成立后，属甘肃省卓尼自治区行政委员会辖属。1962年1月1日，成立迭部县。

目前，迭部辖1个镇（电尕镇），10个乡（益哇乡、卡坝乡、达拉乡、尼傲乡、旺藏乡、阿夏乡、多儿乡、桑坝乡、腊子口乡、洛大乡），52个行政村，243个村民小组。总人口5.63万，农村人口3.71万，占总人口的65.9%。人口密度为每平方千米9.83人。迭部县有藏、汉、回、蒙等民族，其中藏族人口3.6万人，占总人口的72%。

经济概况。据迭部县统计局数据显示，2015年全县实现地区生产总值10.47亿元，其中第一、第二和第三产业增加值分别为2.47亿元、2.20亿元和5.80亿元。三大产业结构比由2014年的24.39∶23.38∶47.23调整为23.59∶20.97∶55.44。2015年，全县实现财政收入15 169万元，城镇居民人均可支配收入19 358元，农村居民人均可支配收入5 636元。

迭部县农作物以青稞、蚕豆、小麦为主（占总播种面积的95%以上），马铃薯、小豆、油菜及其他小杂粮为辅。冬小麦主要分布在海拔2 100米以下的河谷地带，播种面积约666.67公顷，这一区域内光照充足，土壤肥沃，加上灌溉条件好，产量常年稳定在3 300～4 875千克/公顷；春小麦全县各乡都有种植，播种面积约为800公顷，由于耕作粗放、气候及土壤质地等不利因素，产量在1 200～2 475千克/公顷。

青稞、蚕豆种植区域分布在海拔2 400米以上的半山及高山缓坡地带，两类作物长期轮作保持了土壤肥力，作物的产量相对稳定，加上蚕豆、青稞种植方法简单，便于管理，作物抗逆性较强，病虫危害较轻。全县常年蚕豆种植面积保持在1 400公顷，青稞种植面积保持在1 933.33公顷。

2015年，全县各类牲畜年末存栏数达19.17万头（只），其中：大牲畜存栏数为11.27万头（只），牛、羊、猪存栏数分别为10.46万、2.85万、5.05万头（只），各类牲畜的总增率39.24%、出栏率45.73%、商品率30.06%。

高原良种奶牛（迭部县农牧局/提供）

旅游与交通。迭部具有丰富而独特的旅游资源。全境重峦叠嶂，群山连绵，森林广袤，山清水秀，河流纵横，草场茂盛，风光旖旎，是甘肃不可多得的一座绿色资源宝库，被慕名而来的游客誉为"东方伊甸园""最适宜人类居住的地方""森林之城""人居天堂"。境内悬泉、飞瀑、神湖、水帘洞、秀峰、隘峡等各种奇丽壮观的自然美景遍布全境，不逊于闻名遐迩的九寨沟。迭部县有红军长征中的"俄界会议"会址、茨日那毛主席旧居、天险腊子口战役等革命遗址，是宣传革命传统和爱国主义教育的重要基地。此外还有然闹马家窑文化遗址和历史悠久的藏传佛教寺院23座，寺院建筑风格各具特色，藏经佛理深奥博大，是一座藏族宗教文化的大观园。迭部南与九寨沟和黄龙寺隔山相望，西与若尔盖大草原、天下黄河第一湾、"东方小瑞士"郎木寺遥相呼应，东北与长征胜迹哈达铺唇齿相依，地理位置优越，具有广阔的发展前景。

迭部建县以来，由国家先后投资修筑了卓电（卓尼至迭部电尕）公路、岷代（岷县至迭部代古寺）公路以及两郎（武都两水至碌曲郎木寺）公路。这几条公路的修筑结束了迭部与外地货物运输栈道、木桥相连，只能靠人背马驮的历史。新开工的迭九（迭部至四川九寨沟）、达黄（迭部达拉至四川黄龙）、迭热（迭部至四川若尔盖热当巴）三条公路就是解决省际、区际之间旅游线路中的"回头路"和"绕大圈子"的根本措施，同时也将境内天险腊子口这一革命名胜地纳入到川甘两省的旅游黄金线上。

秋收时节（迭部县农牧局/提供）

3. 森林之国

迭部是森林之国。境内万山苍翠，古柏参天，原始森林浩瀚恢弘；奇峰险峡、水帘飞瀑奇丽壮观；雪峰对峙，水草丰美，山花灿烂；山泉吟咏，蝶飞蜂舞。在众多宽谷和山梁之上，还孕育着大片的天然草场，成群的牛羊点缀其间，与山坡上金灿灿的油菜花交相辉映，宛若世外桃源。迭部错综复杂的地形地貌造就了峡谷之多、之险、之秀，在西北地区十分罕见。如危崖千尺的江峡景观使人惊心动魄；鬼斧神工的纳加石门令人叹为观止，拍案叫绝；妙趣横生的腊子口水帘洞一线天峡谷让人心旷神怡，为之倾倒。

扎尕那雪景（迭部县农牧局/提供）

由于气候宜人，迭部境内动、植物种类繁多。老龙沟郁郁葱葱的万亩*人工林犹如西北干旱区中一颗璀璨的绿宝石；拉孜沟、多儿阿夏神秘莫测的原始森林中怪树横生，盘根错节，千年古柏高达40余米，傲踞石峰峭壁，扎根于岩石裂隙，斜枝腾云，舒臂揽月；白龙江畔古老的小叶白杨造型各异，尖尼沟中的"一根五树"红松堪称造化奇迹。在山泉溪流和竹丛密林间，经常有大熊猫、苏门羚、梅花鹿、雪鸡等珍贵动物出没，为迭部更添无限生机。

---

* 亩为非法定计量单位，1亩≈667平方米。——编者注

（1）迭部森林资源

森林资源是迭部县最基础、最重要的自然资源，至2010年，境内总计12个国有林场，林地面积43.66万公顷，活立木蓄积4 877.12万立方米。自20世纪60年代开始至1998年10月"天然林保护工程"实施前，一直是迭部经济的支柱产业，为迭部发展和国家建设做出了重大贡献。"天保工程"实施后，全面停止天然林采伐，林业建设进入护林、育林新阶段，经营管理转入以森林管护和营造生态公益林为主的天然林保护工程中来，森林蓄积量不断增加。此外还展开对于不适宜进行耕种的地区进行退耕还林以及荒山造林等工程。

迭部境内天然植被良好，植被主要由森林、草地两部分组成，以天然针阔叶混交林、山地草场和亚高山草甸及灌丛草甸为主，植被覆盖度在87%以上。植被的地域、坡向分布差异明显。据白龙江林业管理局和迭部林业局2011年二类资源调查结果，迭部县国土面积的510 829.6公顷中，林业用地429 216.9公顷，占全县土地面积的84.02%；非林业用地81 612.7公顷，占国土面积的15.98%。现有森林总面积共计314 722.4公顷，森林覆盖率为61.61%，活立木蓄积约51 335 944立方米。

各林业用地所占总林业用地面积及比例如下表所示。

各林业用地所占总林业用地面积及比例

林地类型	有林地	疏林地	灌木林地	未成林造林地	无立木林地	宜林地	苗圃地	辅助生产用地	合计
面积（公顷）	262 922.1	6 376.9	137 954.2	14 414.2	2 275.3	4 737.4	202.1	334.7	429 216.9
所占林业用地比例	61.25%	1.49%	32.14%	3.36%	0.53%	1.10%	0.05%	0.08%	100.00%

森林环境中的空气负离子主要是由森林植物的光合作用、森林土壤中的气体交换以及森林植物芬多精的作用形成的。空气负离子具有杀菌、降尘、清洁空气的功效，被誉为"空气维生素和生长素"。空气负离子的浓度高低已成为评价一个地区空气清洁程度的指标之一。相关

研究表明，空气负离子浓度在700个/立方厘米以上可以满足人体生理需求，1 000个/立方厘米以上对人体健康有益，10 000个/立方厘米以上可以治疗疾病。

中南林业科技大学于2010年对迭部县县城及所属的6个村庄、9个景区、5个景点的空气负离子资源进行了测定，测定结果如下表。

迭部县空气负离子资源测定结果

序号	监测地点	测点（个）	负离子数（个/立方厘米）	
			均值	最大值
1	迭部县城旅游接待区	6	469	659
2	扎尕那东哇村	4	1731	4760
3	更古村	3	609	766
4	达拉乡高吉村	4	3288	8020
5	多尔洋布村	4	1483	1883
6	铁尺村	2	744	813
7	后西藏村	2	1266	1290
8	扎尕那风景区	1	678	678
9	益哇林场（益哇河）风景区	7	674	985
10	九龙峡风景区	4	2318	3945
11	朱立沟风景区	4	618	788
12	美路沟风景区	3	761	829
13	牛路沟风景区	3	810	864
14	老龙沟风景区	5	1529	2881
15	后西藏风景区	3	1231	1361
16	俄界会议旧址	1	1788	1788
17	茨日那旧址	1	1273	1273
18	腊子口战役纪念碑	1	878	878
19	沟吉寺	3	1092	1213
20	洋布水磨群	4	1878	2538

（2）迭部草地资源

迭部县有天然草场225.19万亩，其中可利用草场208.76万亩，占草场总面积的92.70%。截至2010年年末，各类牲畜存栏数19.58万头（匹、只、口），完成农牧业增加值13 500万元；肉类产量达3 500吨，奶产量达4 725吨。迭部县饲养、放牧的畜禽种类主要有牦牛、黄牛、马、绵羊、猪等，多以当地土种为主，具有适应当地自然条件，行走、爬山、采食性能好、耐粗饲、抗病能力强等优点，但也有晚熟、生产性能低、畜产品量少质差等弱点。由于鼠害频发、超载放牧严重以及草场"三化"*现象加剧，草原生态恶化，植被退化日趋严重，2003—2010年实施了退牧还草项目工程，通过实施草原围栏、禁牧、休牧，给已退化和沙化的草原提供一个休养生息的机会，发挥草原的自身修复功能，恢复草原植被，实现草原资源永续利用，同时提高农作物秸秆饲草转化率，将农作物秸秆作为主要饲草资源。

林中草地（迭部县农牧局/提供）

（3）森林公园与地质公园

扎尕那省级森林公园，山峰鬼斧神工，古朴神秘，林阴下如云如霞，令人陶醉。扎尕那森林公园地处南北植物过渡地带，针叶、阔叶林种类繁多，交相辉映。园内松竹混生，茂密的原始森林为各种野生动物提供了良好的繁衍生息的场所和丰富的食物。公园深处，苍鹰展翅翱

---

* 草场"三化"是指草场退化、沙漠化和盐渍化。——编者注

翔，野鸟游走于林间草地，野兔跳跃于草地，马鹿奔走于灌丛，林麝、野猪、野狐等野生动物活跃于公园内，让人遐想联翩、驻足忘返。2009年11月10日，《中国国家地理》发布了"寻找十大'非著名山峰'"榜单，位于甘肃迭部县林业总场益哇林场扎尕那省级森林公园内的扎尕那山榜上有名，成为甘肃唯一入选"全国十大非著名山峰"的中高山。

扎尕那地质公园2007年被批准为省级地质公园，是研究古地理、古生物及古气候环境的理想场所，具有冰川、岩溶、峰林、流水等珍奇秀丽、独特的地质地貌景观。公园面积136平方千米，景区地质遗迹类型主要有峰林地貌、岩溶地貌、冰川地貌、峡谷地貌等地质地貌景观，典型地质剖面、古生物化石、水体景观和地震遗迹、崩塌遗迹、泥石流遗迹、滑坡遗迹等地质遗迹景观保留完整，尤其是古冰川遗迹。在雪线以上，能够清晰地看到冰川谷和冰川混杂堆积体，类型有角峰、刃脊、冰斗、冰坎、冰川槽谷及羊背石、冰川刻槽等风蚀地貌，形态独特秀美，国内少有，具有重要的研究和科考价值。

传说中的山神涅甘达娃（迭部县农牧局/提供）

甘南——藏区的窗口

甘南藏族自治州地图（迭部县农牧局/提供）

甘南藏族自治州是中国十个藏族自治州之一，位于甘肃省西南部，东与定西、陇南地区毗邻，南与四川阿坝藏族羌族自治州接壤，西与青海省果洛、黄南州相连，北靠临夏回族自治州。

甘南州境内溪流密布，江河如网，雨量充沛，水能资源十分丰富。境内有以黄河、洮河、大夏河、白龙江为代表的120多条干支河流，而且地势陡峭，落差较大。

甘南是甘肃省主要的畜牧业基地，是全国五大牧区之一，也被誉为亚洲最优质的天然牧场。拥有亚高山草甸草场4 084万亩，占甘南总面积的70.28%，草地可利用面积3 848万亩，占草场面积的94.22%。森林总面积2 580万亩，占甘肃全省森林资源总面积的30%，森林蓄积量占全省总量的45%，林区蕴藏着极其丰富的野生动物资源和药材、山珍野菜等植物资源。

甘南州也是甘肃省主要的药材区之一，境内蕴藏的纯天然野生汉藏药材850余种，汉藏药材蕴藏量为5 243万千克，大多生长在海拔3 000米以上。经过多年驯化，现已有部分汉藏药材进行人工栽培种植阶段，甘南已种植的汉藏药材达600多种，种植面积为6.95万亩，产量达13 621.1吨，占全国主要汉藏药材数62.5%。

甘南境内有国家级自然保护区5处，包括黄河首曲国家级自然保护区、尕海—则岔国家级自然保护区、洮河国家级自然保护区、莲花山国家级自然保护区、多儿国家级自然保护区。

甘南地处青藏高原东北边缘与黄土高原西部过渡地段，是藏、汉文化的交汇带，被费孝通先生称之为"青藏高原的窗口"和"藏族现代化的跳板"。甘南是古丝绸之路、唐蕃古道的重要通道，是离内地最近的雪域高原，自然风光秀丽，民族特色浓郁，风土人情独特。境内较完整地保存了藏民族传统的游牧文化、佛教文化和民俗文化，是整个藏区经济文化的缩影。有闻名遐迩的藏传佛教格鲁派六大宗主寺之一的拉卜楞寺，有"虎穴仙女"之称的郎木寺，历史悠久的禅定寺、贡巴寺和合作米拉日巴九层佛阁以及藏区远古本教甘加佐海寺等121座佛教寺院。有历史上汉羌、唐蕃边塞重镇汉百石县旧址甘加八角城堡遗址、桑科古城、羊巴古城、明代城墙、华年古城、汉零王国天子珊瑚城遗址和砖瓦窑遗址等各类古遗址。有红军长征胜利的"门户"天险腊子口、著名的中央政治局俄界会议及茨日那村毛主席故居、苏维埃旧址等人文旅游资源景观90余处。

打青稞（迭部县农牧局/提供）

（二）
香巴拉人间乐园图

　　"扎尕那"在藏语里有"石匣子"，"石头城堡"的意思。石头城，指的是巨大的岩石山群。如果说迭部是舞动在甘肃大地上的一块七色飘带，那么，扎尕那就是镶嵌在这块飘带上的一颗璀璨夺目的明珠。从迭山高处俯瞰，俨然一座天造地设的"石头城"，俗有"阎王殿"之称。扎尕那地形既像一座规模宏大的巨型宫殿，又似天然岩壁构筑的一座完整古城。城东北石林耸立，云雾缭绕，石林间到处都是天然盆景，清泉潺潺；正北是巍峨恢弘、雄伟壮观、璀璨生辉的光盖山石峰，古称"石镜山"，因灰白色岩石易反光而有其名；东边耸峙壁立的俊俏岩壁，凌空入云，云雾缭绕；城西南分布着茂密的原始森林。石林、森林、草地、温泉、瀑布、小溪、河流、寺庙、藏楼、古朴的民俗民情，把扎尕那装扮得分外妖娆，仿佛就是上苍从袖口里洒落在甘南版图上的一卷翠得让人眼亮、美得让人神往、神秘得令人幻想的"香巴拉人间乐园图"。

扎尕那自然风光（迭部县农牧局/提供）

　　扎尕那村寨三面秀峰环拱，苍松翠柏，郁郁葱葱，犹如高峻浑厚、坚不可摧的城墙，把扎尕那四村一寺围在城中。半山坡上的藏族村落、藏式榻板木屋，鳞次栉比，层叠而上，嘛呢经幡迎风飘扬。东哇村和拉桑寺院正好坐落在石城中央。城内左上角还有一道出城进山的北门，是由石山断裂形成的陡坡状石质狭道，南北走向，长百余米，宽仅数米。石峡两面是垂直挺拔的岩壁，一泓溪水悬泻而下，声响如雷。此道为洮迭古道必经之险关。石城正南方，是一道石山对峙的"城门"，扎尕那四村及洮迭古道必经此门。城门外是一条南北走向的十里峡谷，恰似城外长廊，其南端高竖着两道百米高的对称岩壁，犹如两堵巨型"门墩"，形成一座宏伟的石城"前门"，俗有"鬼门关"之称。

　　扎尕那是古唐蕃通道必经之地，也是红军长征途径迭部时留下历史足迹的红色旅游胜地。岷山、迭山纵横交错，山高谷深，沟壑纵横，基岩裸露，地形崎岖，白龙江干流自西向东贯穿全境，奔流于峡谷之中。

扎尕那代巴村（牛志恩/提供）

扎尕那农林牧赋

张红欣

扎尕那，好地方，地处甘南迭部益哇乡。傍水依山，四时皆有自然秀景；天时地利，千古长存美丽牧场。山川风水处处相连，同铺锦绣；各族人民心心相印，共创辉煌。日月星，播传福祉；农林牧，造就小康。

扎尕那之森林，将近四千公顷。从古至今，枝繁叶茂；由南到北，树壮根深。玉鸟放歌，赞颂丛林姿色；村民狩猎，搜寻走兽飞禽。民曰大林带，喜人心。春绽花香，营造芬芳之气；夏呈翠绿，展出祛暑之荫；秋献金黄，驰骋分鬃之马；冬迎瑞雪，点装肃穆之林。

扎尕那之草场，足有四十万公顷。经久草荣，令蒙民放牧；方圆地阔，让万物漫游。遍地牛羊，和风吹拂冬夏；满天笛曲，牧歌唱响春秋。风光在此洒情，天天焕彩；游客于斯赏景，处处悦眸。

扎尕那之农耕，由来已久。蜀汉时期，名将姜维传授汉人农作；今时迭部，先民万众施行新式农耕。粮食丰收，农户丰衣足食；经营发展，黎元心想事成。于黄土高坡，和谐种子开花结果；在田园深处，金色凤凰播爱留声。

今朝扎尕那，家家兴业，岁岁创新。农林牧同行，民生改善；党政群共济，幸福永存。

（三）
扎尕那的历史沿革

扎尕那农林牧复合系统是一个古老的历史遗产，它是游牧文化和农耕文化以及森林文化之间长期互补、融合的结果。扎尕那农林牧复合的农业生产形态有悠久的历史。这种经济模式从公元6世纪吐蕃时代已在较低海拔地区形成。后来由于外来移民的压力及外来文化的影响，这一地区的人们曾在高海拔地区进行垦荒种植活动，使半农半牧地区逐渐向西向北高寒地区扩展。但在海拔3 600米以上地区，种植业发展异常艰难，在高寒地区垦荒种植大多以失败告终。从历史上来看，这个过程的完成主要经历了以下几个阶段。

新石器时期是农业文明的萌芽时期。迭部县境内发现了数十处古文化遗址中发掘的新石器晚期"马家窑文化""齐家文化"遗存，以及金石并用时代的"寺洼文化"遗存。充分证明：早在3 000年以前，迭部县白龙江流域已经出现了人类文明（游牧文明）的萌芽，说明迭部县在远古时代已经有了畜牧业文化的起源。夏商时期（公元前21世纪—公元前11世纪），古叠州（今迭部）属于《禹贡》所记梁州之域。

春秋之前，迭部为诸羌所据。羌人系甘青土著，是藏族的前身，藏族起源于甘青一带。羌人在华夏族时被中原文献称之为"西戎"。"戎"乃是羌语（藏语）之地形称谓，山谷称之为"戎"或"隆"（或称"龙"）。春秋末期，羌人无戈爰剑为秦所逼，西入三河（黄河、湟河、赐支河）地区，以湟中为根据地生息繁衍，包括迭部白龙江流域一带。是为迭部县早期牧业的基础。秦始皇二十六年（公元前221年）统一中国后，设置郡县，分天下为三十六郡，后增为四十郡。迭部境北部洮州、境东部岷州、羌道等地先后属陇西郡。迭部属于陇西郡临洮县境南部羌地。

汉代（公元前206年—公元148年）置武都郡，在白龙江流域设有西部都尉，统治范围到达迭部东境。凉州刺史于洮州地设军事重镇南部都尉，又设洮阳郡，管辖范围到达今迭部北缘。汉光武帝建武十三年（公元37年）七月，广汉塞外（今舟曲、迭部以及川北若尔盖一带）白马羌豪率众归附东汉。汉桓帝建和二年（公元148年）白马羌起攻广汉属国，杀长吏。是时西羌及湟中胡复叛为寇，益州刺史讨破之，招降20万。

三国时期（魏、蜀、吴）是迭部农耕文化的一个里程碑。公元228年正月，蜀汉丞相诸葛亮出兵祁山攻魏，天水、南安（今陇西渭水以东）等郡皆响应，魏天水参军冀县（今甘谷）人姜维降诸葛亮。其时，迭部常为蜀魏争夺之地。蜀汉建兴六年（公元227年），蜀相诸葛亮伐魏，攻取武都、阴平二郡后，迭部遂归蜀汉益州阴平郡（今文县）所辖，境北迭山主峰成为蜀魏之界山。蜀汉名将姜维在境东沓中（今迭部洛大及舟曲西部一带）屯兵，种麦储粮。

吐谷浑时期是农林牧复合系统的形成时期。自晋怀帝永嘉六年（公元312年），鲜卑人吐谷浑率部征服氐、羌。至元嘉十五年（公元438

年），宋以吐谷浑王慕利延为陇西王，至公元663年吐谷浑为吐蕃所灭为止长达350年之久，是为早期农林牧复合的形成时期。吐谷浑时代实行积极的汉化政策，对于内地农耕文化在迭部的传播产生了深远影响。吐谷浑亡国之后，吐蕃统治甘南迭部达300年之久，藏族游牧文化对甘南迭部产生了持续而深远的影响。

明清"杨土司"治理时期是农林牧复合系统的成熟时期。明武宗正德四年（1509年），土司旺秀进京晋见，武宗朱厚照赐名杨洪，准其世袭，并建军民千户所，隶属洮州卫。直至新中国建立废除土司制度，杨土司统治时期连续500年之久。历代杨土司积极开化，与中央朝廷的关系良好，密切联系内地经济，主动吸收内地的先进农业文化。迭部中部的花园一带属于杨土司的果园，下迭部有杨土司的粮仓（崔谷仓）。杨土司管理期间，政治稳定，社会安宁，贸易畅通，对于迭部农林牧复合生态系统的可持续发展和不断完善是一个很好的保障。

朱元璋统一全国后，在洮、岷等边防重镇设立军政一体的卫、所机构。明太祖洪武四年（1371年），置洮州军民千户所，洪武十二年（1379年）升所为卫，令县境花园乡以东（下迭部农耕区）属岷州卫辖，以西（上迭部游牧区）归洮州卫辖，隶属陕西都司。白龙江以南（岷山北麓阴坡林区）的达拉、多儿、阿夏等地属松潘卫辖。这种分片治理的政策，保证了迭部林区、农区和游牧区的相对独立和稳定发展，对于迭部农林牧复合生态系统的发育起到了保护的作用。

进入民国以后，甘肃省政府1913年决定废除土司制度，卓尼土司辖地归兰山道临潭县统辖。事实上，土司制度并未动摇，临潭县无法统驭。

新中国成立后废除了土司制度。1961年12月15日，国务院决定割划临潭县所辖上迭公社和龙叠县（舟曲县）所辖下迭部5社，合并设立迭

收获的季节（牛志恩/提供）

部县。1962年1月1日迭部县正式成立，现辖11个乡镇，构成了迭部县的现代农牧业管理机制。

（四）
独特的农林牧复合系统

迭部县是一个以藏民族为主体的多民族聚居区，共有藏、汉、回、蒙古、苗、壮、布依、朝鲜、满、土家、东方、裕固、萨拉、锡伯、佤、羌族等17个民族；总人口5.6万人，其中藏族4.2万人，占总人口的75%。益哇乡总面积365平方千米，其中林地19 345公顷，森林覆盖率53%，草场面积13 280公顷，耕地约454公顷。迭部县是传统农业县，农业在国民经济中占重要地位，农业人口约占总人口的70%。农作物主要为蚕豆、青稞、小麦、油菜、马铃薯（洋芋）等。2010年年末，全县实际使用的耕地面积有13.7万亩，分布在海拔1 600～3 000米的高山峡谷中。农业基础设施差，土地零散，受肥力和劳力的限制，常年播种面积在8万亩左右。耕地中水浇地少，仅占总面积的20%，其余80%均为旱坡地。

扎尕那农业并不是纯粹的精耕农业区，而呈现农林牧复合的农业生态与农业经济特色。扎尕那农林牧复合系统是当地居民人为适应高寒自然环境而采取的适宜策略，依照生态环境呈现立体布局。高原河谷地带的两侧山岭，随着海拔高度不同而呈现不同的气候特征与生物特征。河流两岸滩地平均海拔500～2 500米，阶地较宽，土壤肥沃，水源充足，称之为川水地区，历史上逐渐形成了耕地连片、阡陌交错的农业景观。河谷两岸的低位山地带，海拔2 000～2 600米，为岇状丘陵沟壑，形成了林地同草地相间分布的状态，一般放养蕨麻猪、黄牛或犏牛。海拔2 600～2 800米的高位地带，称为脑山地区，一般为草原牧场、灌丛与森林地带。海拔4 000米以上高山，多为积雪、冰川或裸岩地带。根据这种地形特点，当地居民形成了在河滩川水地耕种，浅山林地与草地

扎尕那农林牧复合系统（迭部县农牧局/提供）

相间、脑山地放牧这样一种垂直立体的多样经济类型。这是高度适应地理环境的最佳布局，呈现出农、牧、林相互依存，优势互补的复合生态系统。

1. 农林牧复合系统区位

迭部县的地质地貌非常复杂，生态景观丰富多样，垂直分布明显，各区农业特征差异很大。

西部高山水源涵养林农牧区。该区海拔2 100～4 500米，生态良好，林草繁茂，自然植被覆盖率高达88.12%。植被以自然针阔叶混交林、山地草场和高山草甸及灌丛草甸为主，农业植被为辅。土壤以山地褐土、土地棕壤、亚高山草甸土及灌丛草甸土为多，其次有新积土、暗棕壤及紫砂土。气候垂直差异明显。海拔2 600米以下的白龙江沿岸和益哇、哇巴河谷阶地，气候较好，光热充足，土壤肥力适中，大部分有灌溉条件，便于机耕，适于种植，产量较高。海拔在2 800米以上的耕地，因地势高，热量不足，土壤阴冷潮湿，微生物活动弱，有机质分解和土壤释放养分能力差，且生长期短，多因霜冻而减产。该区生态环境优良，农林牧结合紧密，文化特征明显、独特性强。

区域土地面积为148.16万亩（合987.73平方千米），占全县总面积的20.47%。其中耕地毛面积4.30万亩（净面积为2.82万亩），占该区总面积的2.9%，占全县耕地面积的20.21%；林地78.73万亩，占该区总面积的53.14%，占全县林地面积的18.65%；草地51.83万亩，占该区面积的34.98%，占全县草地面积的22.03%。区域内1990年共有人口4 700户，21 515人（包括机关干部城市人口）。其中农业人口1 629户，9 268人，人口密度为每平方千米21.78人。2009年有各类牲畜45 305头（只），农业人口人均有混合牲畜4.89头（只）。主要种植春小麦、青稞、蚕豆、豌豆、马铃薯、油菜等粮油作物和苹果、梨等经济林木。本区电尕乡为县城的蔬菜基地。

扎尕那那黑卡（迭部县农牧局/提供）

东部高山峡谷多种经营区。该区海拔1 600～4 000米，阴坡植被以针阔混交林和落叶阔叶林为主，阳坡以旱生灌丛为主，农业植被为辅。土壤以洪积冲积的重砾质土为主，其次为褐土、棕壤。该区因地处白龙江干流河谷阶地，海拔较低，气候好，热量充足，雨量适中，适宜多种种植。种植业多为两年三熟制，即冬麦（复种荞）—糜谷—秋玉米（冬麦）。

区域地处县境东部，白龙江中游地段深切割高山峡谷地带，山势陡峻，水流湍急。该区包括洛大、花园（已经并入旺藏）、旺藏3个乡。本区土地总面积112.47万亩（合749.80平方千米），占全县总面积的15.54%。其中耕地毛面积6.54万亩（净面积为4.15万亩），占该区总面积的5.8%，占全县耕地面积的30.78%；林地74.81万亩，占该区总面积的66.5%，占全县林地面积的17.72%；草地29.08万亩，占该面积的

25.86%，占全县草地面积的12.36%。区域内2009年共有人口2 115户，11 473人，均系农业人口。人口密度为每平方千米15.3人。1990年有各类牲畜44 769头（只），人均有混合牲畜3.90头（只）。主要种植的粮油作物有冬小麦、春小麦、青稞、蚕豆、豌豆、马铃薯、糜、谷、玉米、油菜等；蔬菜有白菜、甘蓝、番茄、辣椒、茄子、韭菜、葱、黄瓜、萝卜等，果树有核桃、苹果、梨、花椒、柿子、桃、杏、石榴等；饲草料作物有芜根、黄燕麦、苜蓿、箭筈豌豆等。

高山牧场（牛志恩/提供）

南部高山林牧农业复合区。该区位于白龙江以南，包括达拉、阿夏、多儿3个乡。土地总面积239.13万亩（合1594.20平方千米），占全县总面积的33.03%。其中耕地毛面积4.01万亩（净面积为2.52万亩），占该区总面积的1.67%，占全县耕地面积的18.84%；林地面积147.46万亩，占该区总面积的61.67%，占全县林地面积的33.35%；草场面积84.91万亩，占该区面积的35.5%，占全县草地面积的36.09%。区域内2009年共有人口1 103户，6 027人，均系农业人口。人口密度为每平方千米3.78人。2009年有各类牲畜28 936头（只），人均有混合牲畜4.80头（只）。

该区海拔2 300～4 200米，属温凉阴湿气候，水资源丰富，生态良好，植被以针叶林、针阔混交林、灌丛草甸、山地草场及亚高山草甸为主，农业植被为辅。森林面积大，蓄积多，材质优良，活立木蓄积量占全县总面积的40.5%，是该县主要林业基地。草场面积较大，质量好。

林下产品有蕨菜、蘑菇、药材、羊肚菌（狼肚）等。土壤以棕壤、暗棕壤、草甸褐土、草甸土为主，其次为褐土、新积土、紫砂土。虽然耕地面积较大，肥力也好，但除了少量河谷阶地外，90%以上分布在海拔2 200～3 000米的亚高山区，平均坡度在35度左右，气候阴凉，雨季土壤冲刷严重，农作物易倒伏，粮食秕粒多，且耕地分散，难以施肥，耕作粗放。

北部高山深切草甸牧林农业复合区。该区位于白龙江以北，包括卡坝、尼傲、桑坝、腊子4个乡。全区土地总面积224.1万亩（合1 494平方千米），占全县总面积的30.96%。其中耕地毛面积6.41万亩（净面积为4.42万亩），占该区总面积的2.86%，占全县耕地面积的30.17%；林地面积121.17万亩，占该区总面积的54.07%，占全县林地面积的28.7%；草场面积69.46万亩，占该区面积的31.03%，占全县草地面积的29.52%。区域内2009年共有人口1 712户，9 811人，均系农业人口。人口密度为每平方千米6.57人。2009年有各类牲畜39 193头（只），人均有混合牲畜4.06头（只）。

该区海拔1 800～4 900米，北部迭山主峰山脉自西向东裸岩峥嵘，发源于南麓的诸多河流将全区切割成峰峦叠嶂、谷地幽深，壮观的高山峡谷地貌。植被以针阔叶混交林、暗针叶林、山地草场、灌丛草甸为主，农业植被为辅。浅山多灌，深山林密，野生植物资源丰富。耕地多分布在海拔2 200～2 800米的中山地段，且分布零散，河沟谷地多为冲积沙壤，阶地多为沙棕壤，立地条件差，多为坡地、旱地，透水性好，保肥力差。

耕种的季节（迭部县农牧局/提供）

2. 农林牧复合技术体系

扎尕那农林牧复合系统是当地居民在长期与自然环境相互协调发展过程中形成的生态系统，包含了农林复合、农牧复合以及林木复合多种技术体系。

农林复合。 受地形、气候、土质以及灌溉等影响，该地区耕地主要分布在海拔2 400~3 000米的阴坡中下部和河川沿岸阶地，林地主要位于其外围海拔较高地区，也有少量分布于农田之间。外围森林起到了防止水土流失、涵养水源、减轻旱涝风灾的生态作用，又有效调节了小气候；田间树木可以提供薪柴燃料，建筑、农具制作的材料，以及防风固土，在一定程度上减轻了人类对外围天然林的破坏。而农田作物的间作套种、轮作、秸秆沤肥等生产技术增加了土壤养分含量，对林木的生长起到了促进作用。

农林复合（迭部县农牧局/提供）

农牧复合。 部分开垦的农田还与天然草地相间分布，种植业与畜牧业混合。一般在草地上开垦农田，农田之间留着与农田面积相等或略大于农田面积的草地，农田与天然草地并列存在。保留相等的草地，可以很好地保持水土，放牧不多的家畜，这些家畜既是农业耕作的主要畜力，又是运输的主要工具，同时也为农民补充肉和奶。而农作物秸秆和人工种植的饲料是本地区畜禽饲料的主要来源，对畜禽生长育肥起到很重要的作用。此外，晾晒青稞的排架在冬季起到圈养牛羊等畜禽的作用，而夏季则在其中种植饲料或者蔬菜，充分利用发酵后的畜禽粪便农家肥的作用。因此，无论在河谷滩地还是浅山地区，保留与农田面积相等的大片草地，对当地居民来说具有重要的经济意义与生态意义。

林牧复合。 林业与畜牧业作为本地区的支柱产业，是本地区居民的主要经济来源。本地区由于山大沟深，灌木林与草场相连；此外，通过荒山造林、退耕还林还草项目，本地区存在着一定面积的林间草场，是进行林下畜牧业养殖的基础。本地区林下养殖的中最具代表性的养殖品种为蕨麻猪。蕨麻猪适应高原气候环境，反应灵敏，行动快，耐强烈日光照射，觅食能力强，一般在几乎无补饲的放牧条件下也能维持生长。在农作物下种后到收割期内，由各户轮流将其放牧在青草茂密的草场和林间，采食一些嫩而多汁的野生植物的茎叶和籽实，某些植物的根茎块都可采食，尤喜采食蕨麻。冬春季节则任猪只自由采食，自行归圈，归圈后进行适当补饲。而这些畜禽的粪便可作为很好的肥料，为林木的生长提供养分。由此可见，实行林牧结合，进行林下养殖，对增加畜禽产量、加强林业建设、保持生态平衡、提高土地使用效益、减少养殖成本、增加农民收入具有较强的现实意义。

林牧复合（迭部县农牧局/提供）

3. 农林牧复合系统功能

农林牧复合系统突破了单一狭隘的产业限制，通过多种物质产品的提供来满足消费者的需求；通过在生态关系调整、系统结构功能整合等方面的微妙处理，充分发挥了生态系统的环境功能，同时降低了一些负面效应的影响，维持了生态平衡和生存环境；通过不同时节种植业、畜牧业和林业采摘等多种生产活动的合理搭配，充分利用了劳动力。农林牧复合系统具有较强的自然和社会经济地域性特征，既表现了自然界的多样性，同时又为文化的多样性和独特性奠定了自然基础，赋予了农业更为广阔和丰富的内涵，促使农业的功能在现代社会向多样化方向发展。

扎尕那的高山牧场（迭部县农牧局/提供）

生产功能。农林牧复合系统注重采取不同农业生产工艺流程间的横向耦合，生产多样化的产品，包括肉、蛋、奶、青稞、皮毛、药材等生活全系产品。另一方面，在源头尽量缓解化肥、农药、畜禽粪便等污染土壤和水的可能性，解决农业生产中的产品质量问题。

生态功能。农林牧复合系统利用各个组分的互利共生关系，充分发挥了森林生态系统、草地生态系统以及梯田农业生态系统在生物多样性保育、水土保持、水源涵养等方面的功能，构成了优良的生态环境，为开发高生态附加值产品提供了客观基础；同时，农林牧复合系统构成的垂直梯度景观与水平地带景观，山、林、草、地、水与踏板房聚落景观浑然一体，为休闲农业的发展提供了环境基础。

文化功能。农林牧复合系统的农产品具有独特的历史、地理和人文背景与内涵，富有区域特色和民族文化，合理利用这些资源能有效地发展地方经济，继承与传播文化遗产，对弘扬历史、增强民族自信心等具有非常重要作用。

4. 农林牧复合系统特征

适应性。扎尕那农林牧复合系统是当地居民为适应高寒土壤贫瘠的自然条件和独特的地理生态区位创新性地发展农业生产活动所形成的。系统位于以游牧为主的青藏高原和以农耕为主的黄土高原的交错区，藏汉文化相互交融碰撞，形成了以藏族为主的藏汉聚集区和半农半牧的农业生产方式。同时，系统地处暖温带针叶林向青藏高原东南部山地寒温带针叶林的过渡地区，森林植被类型比较复杂，不仅有地带性植被成分，而且植被的垂直分布也很显著，为当地居民的生产和生活提供了丰富的林业原材料。在这种背景下，从公元6世纪吐蕃时代开始农林牧复合经营的模式已在较低海拔地区形成。后来由于外来移民的压力及外来文化的影响，曾在高海拔地区进行垦荒种植活动，半农半牧半林地区逐渐向西向北高寒地区扩展。该地区几千年来一直维持着以牧为主，兼顾农林的生产模式。

战略性。扎尕那地处秦岭西延部岷迭山系与青藏高原东部边缘的交接地区，是我国青藏高原气候区与东南季风气候区和高寒草原植被区与温带森林植被区的过渡地带，属于《中国生物多样性保护战略与行动计划（2011–2030年）》提出的生物多样性保护优先区域。在海拔4 200米以上的山体顶部，疏散地生长着著名藏药水母雪莲和红景天；在海拔3 600～4 200米，发育了广袤而辽阔的高寒灌丛和高山草甸草原，是欧拉绵羊和牦牛等牲畜的天然牧场，也是冬虫夏草的自然养殖基地；在海拔2 400～3 600米，形成了独具特色的森林景观，其生物类群繁多，是藏药以及野生菌类等多种天然资源的宝库；在白龙江两岸的开阔地及各沟河沿岸的山坡阶地，土壤发育较好，土层较厚，为种植农作物、果树和蔬菜等提供了良好的农田。

多功能性。扎尕那农林牧复合系统在微观上对土地、森林、草地和物种/品种资源的循环与合理利用，为当地居民提供了多样化的产品

迭部农民庆祝丰收（迭部县农牧局/提供）

以满足日常生活和生产所需。家畜为居民生活提供肉类蛋白和皮毛，并为农事提供畜力和肥料；种植业为居民生活提供植物蛋白，并为家畜提供饲料；森林为居民生活提供丰富的林下种植和养殖产品以及当地特有的蕨麻猪，同时森林与草地一起维护着生态系统的平衡。此外，扎尕那农林牧复合系统还具有重要的生态功能，如生物多样性保护、水土保持、水源涵养和防风固沙等。同时，对促进农户就业增收，发展农村休闲农业以及促进生态文明建设、社会主义新农村建设和农业可持续发展等具有重要意义。

可持续性。扎尕那农林牧复合系统形成了特有的藏汉交融文化——在满足生活必需的多样物质产品的基础上，追求和谐、平静、平和的精神生活，注重人与自然的和谐。从生态学的角度看，本地区藏族居民对高山、森林、草原、平地、江湖以及分布其中的动植物等自然物种有广泛的禁忌，蕴含有一定的环保意识和可持续发展的深远思想。这些禁忌避免了因森林砍伐、草场沙化等植被破坏引起的水土流失、生态失衡现象发生。

七律 迭部县扎尕那农林牧复合系统（其一）

于海洲

四村一寺藏农家，地处甘南迭部哇。
种灌种乔还种竹，栽蔬栽药更栽花。
牧牛牧马青青草，听鸟听虫鼓鼓蛙。
复合循环真给力，农林牧业岁时佳。

七律 迭部县扎尕那农林牧复合系统（其二）

于海洲

贫瘠高寒生态区，如无保护实堪虞。

江河分水从兹始，林牧同山势所趋。

佛教传承心有主，农耕延续体安居。

相融互补成文化，汉藏和谐睦友于。

（五）迭部红色腊子口

1. 腊子口概况

腊子口位于迭部县东北，是甘川古道和当今岷代公路上一处地势极为险要的峡谷隘口，是迭部的门户和交通要道。"腊子"在藏语里有"山坡陡峭"之意，"腊子口"则由藏语"腊子库"演变而来，意思是"山脚的深谷"。这里自古就是甘川通道之咽喉，素有"天险门户"之称。峡谷两面悬崖峭壁对峙，仅8米见宽的狭道中腊子河从中间奔流而过，仅有一座1米宽的小桥供人畜通行，实有"一夫当关，万夫莫开"之险。

腊子口自然风光（迭部县农牧局/提供）

2. 腊子口战役概况

"天险腊子口"是举世闻名的腊子口战役纪念地。1935年9月，毛泽东、周恩来率领中国工农红军第一方面军，在二万五千里长征途中，越过雪山草地后，沿白龙江东岸穿过深山峡谷和原始森林，于9月17日到达腊子口。

甘肃国民党守军利用腊子口天险，沿朱李沟口、腊子口、康多等布设多道防线，在腊子口两侧山腰和桥头构筑碉堡，并修建大量防御工事，妄图阻断红军部队的前进路线。当地民谣说："人过腊子口，像过老虎口"，敌人在此构筑的工事更无异于给腊子口这个"虎口"装上了"利齿"。与此同时，红军还要应对卓尼杨土司的上万骑兵和胡宗南主力的左右夹击，如若不能在短时间内成功突破腊子口，三面围攻的危机就难以解除。

毛主席毅然决定立即夺取腊子口，打通红军北上通道。9月17日下午，红1军2师4团向腊子口发动了猛烈的进攻。可是由于地形不利，兵力无法展开，从下午攻到半夜，连续冲锋十几次都没有成功。在半夜时分，部队暂停进攻，重新研究作战方案。根据新侦察到的情况和战士们的建议，部队决定兵分两路。一路由政委杨成武率领第6连从正面进行夜袭，夺取木桥；如果偷袭不成就连续发动进攻，达到疲劳敌人，消耗敌人弹药，造成敌人恐慌的目的。另一路由团长王开湘率领第1连、第2连，悄悄地迂回到腊子口右侧，攀登陡峭的崖壁，摸到敌人后面去。战斗再次打响了，正当正面战斗激烈进行的时刻，迂回部队已摸到腊子口右侧峭壁下。一个苗族战士手持带铁钩的长杆，顺着陡壁最先爬了上去，然后将事先接好的绑腿缠在树干上放下来，后来的战士拉着绑腿一个接一个地全部上去。红军突然出现在敌人的后方，吓得敌人魂飞魄散，扔下枪支仓惶逃命。

腊子口碉堡（迭部县农牧局/提供）

9月18日凌晨，红军将士全面攻克腊子口天险。党中央率陕甘支队通过腊子口后，9月20日，进占甘南的哈达铺。至此，党中央和红一方面军主力终于走出了雪山草地，打破了蒋介石妄图利用恶劣的自然条件"困死"红军的阴谋。

迭部文物红军印（迭部县农 牧局/提供）　腊子口战役纪念碑（迭部县农牧局/提供）

3. 腊子口战役的历史与现实意义

聂荣臻对攻占腊子口给予高度评价。他说："腊子口一战，北上的道路打开了。如果腊子口打不开，我军往南不好回，往北又出不去，无论军事上政治上，都会处于进退失据的境地。现在好了，腊子口一打开，全盘都活了。"腊子口战役是我军军事史上以弱胜强、出奇制胜的著名战役，也是红军长征进入甘肃境内最关键的一仗。腊子口这一场极其惨烈的战斗，与其说是用手榴弹打开的，不如说是红军指战员以血肉之躯夺取的。腊子口战役的胜利粉碎了国民党企图阻止红军北上抗日的阴谋，腊子口也成为中国革命史上举世闻名的革命胜迹，此役也载入了中国革命史册。

腊子口战役纪念馆（迭部县农牧局/提供）

　　为了纪念腊子口战役，甘肃省人民政府于1980年8月21日在腊子口战役纪念地修建了纪念碑。1993由迭部林业局出资重建。纪念碑南、西两面镌刻着杨成武将军亲笔题字"腊子口战役纪念碑"；北面镌刻着甘肃省人民政府对腊子口战役的简介和对革命烈士仰慕缅怀之碑文："腊子口战役的辉煌胜利将永远彪炳我国革命史册；在腊子口战役中光荣牺牲的革命烈士永垂不朽！"

激战腊子口雕塑（迭部县农牧局/提供）

《腊子口》杂志

　　20世纪80年代初，迭部县委宣传部和县文教部的赵汉豪、宁学义、高魏、兰永昉、杨文才、刘登杰等人组成编辑组，创办了杂志《腊子口》，先后共出刊3期，共刊载各种体裁作品达100多万字。1983年，《腊子口》杂志停刊，县境业余文艺创作活动相对减少。2007年秋季，在迭部县委、县政府的主持下，组建了迭部县第二届文学艺术界联合会，确立了文联领导机构，下设了办公室，落实了经费，成立了《腊子口》杂志编辑部，配备了编辑人员，《腊子口》杂志得以复刊。2008年12月25日，迭部县委决定调整充实《腊子口》编委会人员，聘请了全国著名作家、评论家雷达，《南方人物周刊》主编杨子，诗人徐兆寿担任名誉顾问，县四大班子主要领导和分管领导为顾问。编辑部主要人员有：王维东、杨文才、汪树峰、汪晓光、于军高、何忠平等。

《腊子口》杂志封面（迭部县农牧局/提供）

二

人与自然和谐共生的农林牧复合系统

甘肃迭部扎尕那农林牧复合系统

扎尕那农林牧复合系统是游牧文化和农耕文化以及森林文化之间长期互补、融合的结果，是人与自然和谐相处、人类社会可持续发展的一个典型范例，是当地居民长期以来与当地生态和环境协同进化、相互适应所创造的一种独特的农业生产和生活方式，是一种与当地环境高度适应的系统。在这种系统中，长期以来居民追求的并不是建立在环境破坏、竭泽而渔基础上的超负荷的物质利益，舒适、无限制消费的生活方式，也不是摒弃物质生活单独追求精神生活的"苦行僧"，而是在满足生活必需的多样物质产品的基础上，追求和谐、平静、平和的精神生活，注重人与自然的和谐，甚至不惜以禁忌的方式保护森林、草地和水流，创立了丰富的精神文化产品。虽然由于地理环境的约束，长期以来社会生产力落后、经济停滞不前，但是这种追求人与自然相和谐的理念，对于当前农业可持续发展乃至生态文明建设都具有积极作用。

扎尕那农林牧复合系统保育了丰富的生物多样性和原始植被，构造了独特的垂直和平面景观结构，为新时期农业的可持续发展提供了良好的生态环境条件和人文景观条件。在新的时期，若能以休闲农业为核心，配套种植业、畜牧业和林业的建设与发展，探索一条符合当地实际情况的社会经济发展道路，必将为西北山区的农业发展提供一个好的样板。

（一）
自然的馈赠

扎尕那农林牧复合系统是千百年来当地居民与当地地理、生态、环境协同进化、不断演进形成的，其重要性取决于、也表现在该系统独特的地理区位、独特的生态环境和独特的文化传承。

1. 独特的地理区位

迭部东连舟曲县，北接卓尼县，东北与岷县、宕昌县毗邻，西部与南部分别和四川省的若尔盖县、九寨县接壤，总面积5 108.30平方千米。境内地势西北高、东南低，海拔1 600～4 920米，相对高差1 000～2 900米，平均坡度30°～35°。地理坐标为东经102°55′～104°05′，北纬33°39′～34°20′。扎尕那农林牧复合系统地处四川—甘肃交汇处的青藏高原东部边缘的高山峡谷地带。山系为秦岭与昆仑两大地槽褶皱系的连接处，构造上处于跌山断裂带山，白龙江隆起与洮河凹陷的交界带上，也是白龙江逆冲推覆构造带和洮河逆冲推覆构造带的分解带。水系上位于白龙江上游，是长江流域和黄河流域的分水岭。地形上位于青藏高原、黄土高原与成都盆地三大地形交汇区。

高日道耀山（迭部县农牧局/提供）

（1）气候条件

气候上位于华中华南亚热带湿润区、华北暖温带湿润半湿润区及高原边缘湿润带的交汇区。属白龙江上游北亚热带与青藏高原东部边缘高寒气候的过渡性类型，气候水平与垂直变化显著，复杂多样。一般具有温凉湿润，冬无严寒，夏无酷暑的高山气候特征，温度昼夜变化大，降水年际变化明显，春季多风少雨，秋季阴雨连绵，无霜期短。

迭部的自然风光（刘某承/提供）

扎尕那多年平均气温6.1～7.2℃，最冷月1月平均气温-4.1℃，最热月7月平均气温15.9℃，全年无霜期126～180天。降水多集中在夏秋季，降水空间分布不均，随海拔高度的降低而递减，高山多于河谷，景区多年平均降水量625.6毫米，其中夏季占50.6%，秋季占24.8%，年平均降雪日198天。

扎尕那属长江流域嘉陵江水系的白龙江流域，景区内的河流主要有白龙江支流益哇曲、当多曲等。受构造控制，水系均成格状水系，山高坡陡，水流湍急，峡谷深切，径流量较大，径流汇流迅速，造成河流流量猛增、水位暴涨，因而常常发生洪水。益哇曲发源于光盖山，集水面积为219.6平方千米，多年平均径流量0.625立方米/年，年平均流量1.98立方米/秒。当多曲发源于光盖山，集水面积为102平方千米，多年平均径流量0.291立方米/年，年平均流量1.98立方米/秒。景区植被覆盖度高，水土流失轻微，河流输沙量相对较小，河流平均含沙量小于0.5千克/立方米。

迭部县基本气象要素特征值

名称	单位	数据	备注
多年平均气压	hPa	764.6	
多年平均气温	℃	7.4	
最热月平均气温	℃	16.3	夏季
最冷月平均气温	℃	-2.3	冬季

续表

名称	单位	数据	备注
多年平均降水量	mm	568.3	
最大风速	m/s	14	
多年平均风速	m/s	3	
年平均大风日数	d	3	
日最高温度	℃	35.5	7月
日最低温度	℃	−19.9	1月

（2）水文特征

迭部的水利资源得天独厚，长江水系的白龙江支流横贯全境110千米，年均流量80立方米/秒，落差700米，两岸大小支流30余条，构成了丰富的地表水资源。县内每年平均入境水径流量为9.586×10^8立方米，白龙江出境水年平均径流量为2.49×10^9立方米。境内年平均自产水总量为1.59×10^9立方米。平水年为1.64×10^9立方米；偏丰年为1.87×10^9立方米；偏枯年1.36×10^9立方米；枯水年为1.17×10^9立方米。按年平均自产水量分配，地表水资源每平方千米32.95立方米；人均拥有自产水量28 954立方米，高于全省人均占水量的23倍，属于丰水区。但水资源的开发利用程度还很低，利用率仅占0.69%。

（3）地质地貌

在地质构造中，扎尕那地区属于加里东早期运动沉积地槽型地质构造，处于秦岭东西复杂构造带的南秦岭地槽褶皱带与松潘甘孜褶皱带的过渡地带的白龙江复式背斜上。境内地质构造复杂，发育于白龙江复背斜轴部的北益哇—尖尼大断裂横穿全境，该断裂具有20～50米宽破碎带和角岩，并发育不对称小褶皱及构造透镜体。

地貌单元上处于西秦岭西段侵蚀—剥蚀构造山地，受区域构造的影响，山体总体走向是东西向，沟谷发育、切割强烈、地表起伏大、山势陡峻、相对高差大、坡度大，可根据地貌成因将区内地貌划分为侵蚀—构造中高山和侵蚀—构造河谷地貌两大类。侵蚀—构造中高山为本区的主要地貌类型，可分为基岩裸露的高山地貌亚类和植被覆盖的高中山地貌亚类。基岩裸露的高山地貌亚类沿迭山主峰南部一线呈北西—南东向分布，部分地段呈北东向分布。在强烈的风化作用下，地貌多呈尖峰状，多形成形态奇特的造型山，根据地貌形态可分为峰林地貌、峰丛地貌、刃脊、U形谷、峡谷、冰蚀谷以及裂陷谷等类型。植被覆盖区域主要分布于景区南部，植被发育，峰林重叠，沟谷地貌发育。

扎尕那冰川遗迹（牛志恩/提供）

（4）土壤条件

根据植被区划，扎尕那地区植被属甘南高原、山地植被区域，洮岷山地亚带针叶林植被区，白龙江中上游亚寒带针叶林植被小区。境内土壤处于我国棕壤、褐土地带，但由于地处青藏高原东侧高山峡谷区，地形和海拔高度变幅大，土壤在水平和垂直方向上的分布都有明显差异。扎尕那地区在土壤分区中属棕壤草甸土区，以山地棕壤、亚高山草甸土为主。土壤分布垂直分异显著，随海拔不断升高形成了褐色土—山地棕壤—暗棕壤—亚高山草甸土—高山草甸土的土壤垂直分带谱。海拔3 800米以上为高山草甸土，3 500～3 800米为山地棕钙土和亚高山草甸土，2 600～3 500米为暗棕壤，2 300～2 600米的半山地区为山地棕壤，海拔2 300米以下为褐土。

山地棕壤、亚高山草甸土分别占区内土壤总面积的33.6%和31.7%，其次为褐土、暗棕壤寒漠及红黏土，此外河流两岸有零星新积土分布。海拔2 800米以下的地方土壤肥力较高，但土层浅，保肥力弱；2 800米以上的地方因土壤阴冷潮湿，微生物活动能力弱，有机质分解和释放养分的能力差。

受地形地貌的影响，植被在分布上具有明显的垂直变化。海拔3 800～4 200米为高山灌丛及高山草甸带，2 500～3 800米为亚高山针叶林带，2 500米以下为针阔叶混交林带。

扎尕那自然风光（赵明生/提供）

2. 独特的生态环境

独特的地理位置、特殊的气候条件创造了独特的生态环境。扎尕那农林牧复合系统位于一、二级阶梯交接地带，同时又处于南北方过渡位置。在《中国植被》的植被类型与区划中属青藏高原高寒区域边缘，其植被主要是北温带成分，而其植被地带的类型则介于高寒草原地带、温带北部草原地带和暖温带南部落叶栎林地带的交汇处，形成了独特的植被类型和种群分布。特殊的自然条件孕育了种类繁多的植被资源。据记载，区内有高等植物144科481属1 671种，约占甘肃种子植物的23%；菌类植物（属低等植物）有5纲11目34科65属152种。阴坡阴凉湿润，土层深厚肥沃，多为森林分布，以针阔叶混交林和暗针叶林为主；阳坡炎热干燥，土壤浅薄贫瘠，多为草类、矮灌分布，以山地草场和亚高山草甸为主，农业植被为辅。

虽然本地区植被丰富，林草覆盖率高，但由于岩石易风化，森林棕壤与山地褐土等土壤可蚀性较强，土层薄，难蓄水；山高坡陡，地形破碎，沟壑纵横；降水的时空分布不均，春夏干旱少雨，秋季阴雨连绵，暴雨成灾；地面坡度大、植被差，降水来不及下渗，超饱和状态，形成地面径流，进而诱发山洪、滑坡、崩塌、泥石流等地质灾害。自然因素是水土流失发生的潜在条件，人类活动则是加速水土流失的决定因素。为满足人口增长对粮食需求的增长而进行的刀耕火种式的毁林垦种，牧场过载过牧，过量采伐森林，淘金、挖药、开矿等盲目开发自然资源以及修路、筑坝等基础工程建设都改变了自然系统中的物质能量流动，破坏了生态平衡，造成水土流失。

3. 丰富的自然资源

扎尕那农林牧复合系统不仅具有丰富的森林、草地资源，而且具有得天独厚的水利资源，以及丰富的野生动植物资源。迭部扎尕那地区气候温和，雨量充沛，植被良好，环境优美，森林、草地生态系统稳定、健康，水利资源得天独厚。野生经济植物种类多、储量大，仅药用植物就多达127种，中药材总储量大；山野菜品种多达50余种，有蕨菜、刺嫩芽、山青菜、苦根菜、失根菜等；野生食用菌类品种达40余种，主要有羊肚菌、牛肚菌、鸡腿菇等。珍稀野生动物和特产动物种类丰富，有国家一级保护动物12种，二级保护动物30种；属于我国特有的动物有22种。

羊肚菌（迭部县农牧局/提供）

梅花鹿（赵明生/提供）

大熊猫（迭部县农牧局/提供）

　　独特的地理区位和生态环境为形成独特的农林牧复合系统提供了物质基础，同时也是当地居民适应这种独特的地理区位和生态环境的必然选择。扎尕那农林牧复合系统位于以游牧为主的青藏高原和以农耕为主的黄土高原的交错区，藏汉文化相互交融，形成了以藏族为主的半农半牧的农耕文化；其次，扎尕那农林牧复合系统茂密的森林、丰沛的水草，多样的植被类型和相较而言贫瘠的土壤，以及相对封闭的地理条件，又促使当地居民形成以牧为主，农林牧复合的完整、紧密而又自给自足农作生产方式和农业文化传承。

扎尕那农林牧复合系统碑（闵庆文/提供）

迭部县烟波岛（迭部县农牧局/提供）

西江月 甘肃迭部扎尕那农林牧系统

曹继橘

游牧历经百代，姜维引进农耕。弟兄民族自交融，放牧耕田与共。
保护生存环境，传承历史文明。佛光普照众生灵，实现心中愿景。

柳梢青 甘肃迭部扎尕那农林牧

刘景山

三省听鸡，江河交汇，芳草凄迷。马啸森林，鹰飞天宇，鞭影牛犁。
羊妈咩唤羔儿，夕阳落、渔樵唱归。船泊柴挑，炊烟雾起，爬上田梯。

（二）

生活的需要

　　自古以来，这里的居民随着季节的转换不断地变换着从事游牧、农耕、狩猎和樵采等多种不同职业，他们既是牧民，也是农民、猎人和樵夫，每人身兼多个职业。扎尕那农林牧复合系统处于藏汉文化以及农牧过渡带，当地居民与这种独特的地理生态区位和高寒贫瘠的自然条件协同进化、不断演进，形成相对封闭、完整、紧密又自给自足的独特的农业生产方式；在宏观景观上表现为垂直地带和水平空间上的农林牧的复合；在微观上表现为对土地、森林、草地和物种品种资源的循环与合理利用，以生产多样化的产品满足日常生活和生产所需。

　　扎尕那农林牧复合系统构成了一个相对封闭、完整、紧密而又自给自足的经济单元，农林牧复合也是当地居民生活的需要。首先，农林牧复合可满足农民正常生活的需要：种植业提供了面粉、蔬菜等食品；牧

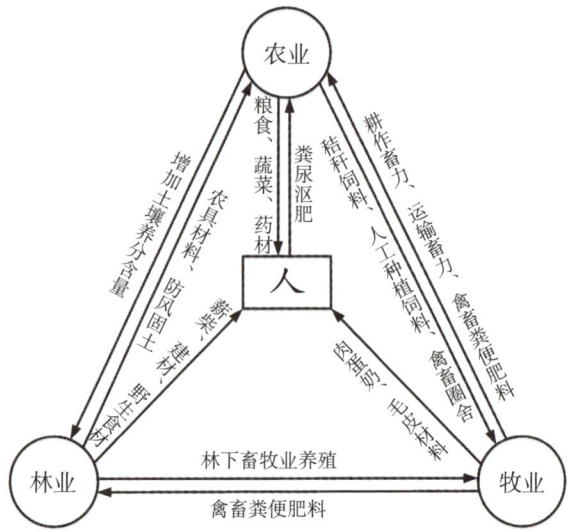

扎尕那农林牧复合系统（刘某承/提供）

业提供了奶、肉类等食品以及皮毛；森林提供了房屋建材、林下副食以及药材，从而保证了高原寒冷地区的最低生活需要；其次，农林牧复合在生产方面可相互补益：家畜可为农事提供畜力、肥料；种植业为家畜提供饲料；森林成为当地特有蕨麻猪的放养场地；最后，农林牧复合也是维护藏族传统生活方式与传统文化的基础：糌粑（青稞炒面）、茶与手抓羊肉，构成藏民的主要饮食结构。不论是平民还是贵族，俗人还是僧人，农人还是牧民，这种饮食结构是共同的，而且千年来不加改变。藏族的传统文化——经济活动、生活方式、风俗习惯、礼仪行为、文学艺术、宗教活动也离不开糌粑、茶与手抓羊肉，农林牧复合的经济活动实在是维持传统的基础。

扎尕那农林牧复合系统是当地居民为适应高寒土壤贫瘠的自然条件和独特的地理生态区位创新性地发展农业生产活动所形成的。扎尕那农林牧复合系统位于以游牧为主的青藏高原和以农耕为主的黄土高原的交错区，藏汉文化相互交融碰撞，形成了以藏族为主的藏汉聚集区和半农半牧的农业生产方式。同时扎尕那农林牧复合系统地处暖温带针叶林向青藏高原东南部山地寒温带针叶林的过渡地区，森林植被类型比较复杂，不仅有地带性植被成分，而且植被的垂直分布也很显著，为当地居民的生产和生活提供了丰富的林业原材料。

此外，这种创造性在微观上表现为对土地、森林、草地和物种品种资源的循环与合理利用，生产多样化的产品满足日常生活和生产所需，从而形成的相对封闭、完整、紧密又自给自足的经济单元。家畜为居民生活提供肉类蛋白和皮毛，并为农事提供畜力和肥料；种植业为居民生活提供植物蛋白，并为家畜提供饲料；森林为居民生活提供丰富的林下种植和养殖产品以及当地特有的蕨麻猪，同时与草地一起维护着生态系统的平衡。

农业、林业和牧业都是经济基础产业，既为人类创造最基本的生活资料和生存环境，又为社会的文明和发展提供最初始的推动力。但单一产业有效益低下、市场适应力差以及生长周期长等缺陷。而农林牧复合系统可利用农、林、牧业各自优势，达到取长补短、增产增值等综合效用。如在系统中，部分林业用地可提供给农业和畜牧业经营使用，同时森林以外的其他土地也可被用来造林，以便提供用材林、薪炭林和其他森林副产品。农林牧复合系统为当地居民提供了多样化的物质产品，不仅包括种植业的植物类产品，还有丰富的畜牧类产品，以及多样化的林下产品。

畜牧业产品。扎尕那农林牧复合系统以畜牧业为主，其生产方式又以游牧为主，为当地居民提供了大量肉、奶、蛋类产品。畜禽种类主要包括黄牛、牦牛、马、山羊、骡、驴、猪、鸡、蜂等。从结构上看，以牦牛、黄牛、山羊为优势畜种。从特色上看，由野猪驯化而来的合作猪种（蕨麻猪）为甘南地区特有的小型古老的瘦肉型猪种；其次，犏牛为牦牛和黄牛的杂交后代，公犏牛体大力强，使役灵活，母犏牛产奶量比牦牛高50%～100%，但犏牛乳脂率低于牦牛。

种植业产品。受土壤和气候条件所限，当地种植业是作为畜牧业和林下野生产品的补充而发展的，主要是为当地居民提供蔬菜、必要的植物蛋白以及为畜牧业提供饲料，其发展程度相对较低。除青稞外，大多农作物品种都是从外地引进的，当地品种不多。目前的粮食作物品种有禾谷类（青稞、冬小麦、春小麦、玉米、荞麦、糜、谷等）26种、豆类（蚕豆、豌豆等）5种、薯类（马铃薯等）5种；经济作物品种有油料作物（油菜、胡麻等）7种，蔬菜作物16种，药材（党参、当归）2种；饲料作物（燕麦、芫根、黄花苜蓿、草木樨、聚合草、箭筈豌豆等）7种。

林业产品。由于地处暖温带针叶林向青藏高原东南部山地寒温带针叶林的过渡地区，森林植被类型比较复杂，为当地居民的生产和生活提供了丰富的林业原材料。传统的藏族民居——踏板房的建材就取材于系统内部，此外还包括晒晾青稞的排架以及一系列农业生产工具。林下生长多样的食用菌类，包括2纲8目23科55属131种，其中食用菌兼药用共有88种。当地森林资源还能提供薪柴及其他原料，包括药材、树胶、树漆、松脂、香料等。

（三）
景观的特征

山神涅甘达哇摁开的迭部，四季气象万千，景色魅力无穷。"春如梦、夏如露、秋如醉、冬如玉"，这便是对迭部这幅天然彩色画卷的真实写照。迭部景观资源丰富，在5 000多平方千米的土地上向世人展示出独具特色的地质地貌、浩瀚连绵的原始森林、奔腾不息的江河、神奇秀美的山川风光。

扎尕那作为迭部乃至甘南丰富旅游资源的集中地之一，不仅拥有秀美风景，如极具观赏价值的喀斯特地貌峰林景观、溶洞景观、峡谷迭水景观、第四纪古冰川地貌遗迹的冰川U形谷、悬谷、冰斗、角峰群、刃脊、鼓丘、羊背石景观等，而且能够充分体现藏族文化及民俗风情。

扎尕那农林牧复合系统依照生态环境呈现立体布局，农田、河流、民居、寺庙与周围山体森林和草地相映衬，形成别具韵味的田园生活空间。

迭部的景观特征（刘某承/提供）

1. 整体空间结构

扎尕那是白龙江流域益哇曲小河谷的一个独立聚落，这样的河谷及其流域形成了一个完整、紧密而又自给自足的经济单元，且其演化是一个接续性的过程。整体来看，扎尕那聚落是典型的"壶天模式"围合结构，"盆地—豁口—走廊"的结构组合创造出神秘、隐幽的气氛，这种景观即理想的"桃花源模式"。

盆地作为一种具有明确边界、相对稳定而又利于防御的景观，对聚落内的部落意识、后嗣道德、内源需求导向的自力型经济的发展都有促进作用。扎尕那地处高寒资源贫乏的地区，资源的有限性和空间的隔离性导致聚落内人口基本处于近饱和状态，围合结构有利于盆地农业文化生态节制行为的发展，并实现资源和环境的持续利用，且与地景拟构和谐统一的整体，形成内向的聚落空间，同时也是封闭型的文化历程在心理上的需求。纳加石门不仅强化了传统壶天模式里豁口的空间作用，还产生一种进入扎尕那聚落时的神秘感和心理上的期待。道路廊道从门户开始，沿着益哇河，进入村庄，以S形的流线型方式穿过4个自然村落，最后从西北角连通聚落外部。随着走廊的渐进，以益哇河流和斜坡上交错而有韵律分布的耕地为导向，居民节点空间组团沿着山坡散布，农田、河流、民居、寺庙与周围山体相映衬，形成别具韵味的田园生活空间。整个空间序列依线性递进，随自然山水而曲转，形成动静相剂、疏密相融、聚散相宜、意境相合的景象，使得扎尕那田园景观在自然空间中得到全面的释放与展现。

扎尕那农林牧复合系统景观模式及手绘景观模式图
（注：卫星图来源于Google earth）

青藏高原地势高亢、气候寒冷、资源有限，在这个脆弱而有限的自然环境中，盆地格局有利于形成稳定而有明确边界的生态文化区（Eco-culture Region），生物地理区与文化单元的空间分布往往得以重合。扎尕那聚落以整体生产和生活环境的持续利用为目的，发展出封闭性、内向型和节俭性的高原生态文化，其自然—人文生态系统也具有系统内因素之间功能上的统一性，强调自然环境、自然生物、社会活动及神灵之间的和谐共处。盆地生态文化和藏族生态文化的交融与渗透，创造出了生命敬畏与生态节制的盆地生活方式与生态文化模型。

2. 空间内部结构

"壶天模式"这种"盆地—豁口—走廊"的结构内部景观组有不同的空间组成模式。俞孔坚等从中国农耕文明的文化起源出发，结合乡土聚落的空间组成，通过心理学的统计调查，将中国人心目中的理想景观模式归纳为"山—林—屋—水—林""林—屋—水—山""山—屋—林—水—林"以及"水—山—林"环绕屋四大空间组合模式，选中率依次为72.4%、18.5%、5.7%、3.4%。研究表明，扎尕那的景观即属于被调查者眼中最理想的"山—林—屋—水—林"的空间组成模式。整体景观借助山势的衬托，人工建筑与自然环境在水平和垂直结构上的空间达到最佳叠合，获得了丰富的空间层次变化。

在水平空间序列上，聚落内部元素以人类活动为核心，民居建筑、农田、水塘、树林、山体等自然要素由内向外呈同心圆式分布，最外层的山体呈环抱之势，从山上流下来的溪水环村或穿村而过。这样的同心圆结构保证了各个组分间在物质循环和能量流动上的充分性，有利于聚落系统生态环境的维持。

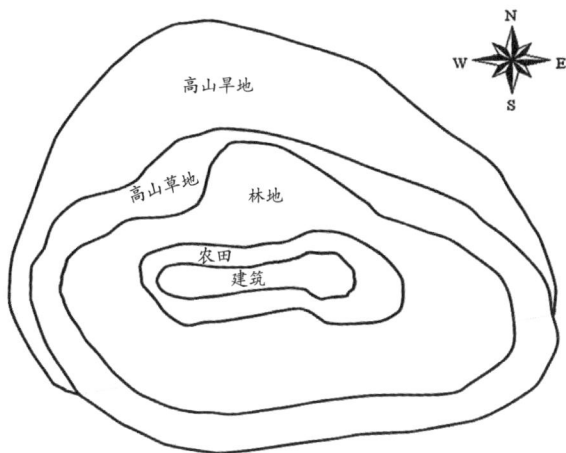

农林牧复合系统水平空间景观

在垂直空间序列上，聚落组分从上到下再到上依次为：山体、民居、农田、河流、树林、山体。自然组分在空间的上层，上层山体坡度带来的雨水保证了聚落内气候的湿润和农田灌溉的充分，北侧两座山体之间的谷地又形成了自然的防洪区；人类活动主要集中在下层。这样的上下空间组成维持了聚落生态系统良好的区域循环，也是农田管理的需要和人在山区农业生产的心理需求。在景观审美意识系统的先天自然层次上，壶天模式不同特征的景观亚单元所产生的审美感受，极好地呼应了中国人围合与庇护的思想。

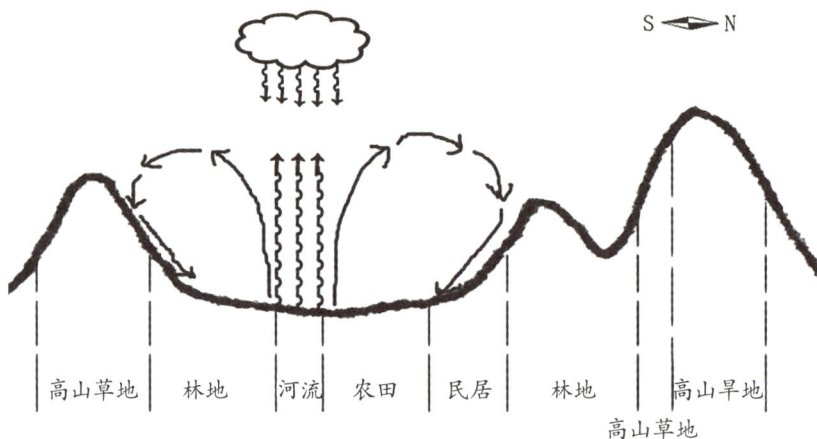

农林牧复合系统水平空间景观

3. 景观资源

（1）地文景观类资源

扎尕那地区地文景观类资源丰富，共有地质地貌景观、典型地质剖面、古生物化石景观、地质灾害遗迹景观4种基本类型，构造峰林地貌、峡谷地貌、冰川地貌、岩溶地貌分布广泛，类型多样。当多的中泥盆统地层剖面几乎含有中国中泥盆统地层化石所有标准类型，地层中保存有大量的古生物化石，是非常典型的古生物遗迹保存地。

地文景观类景观资源表

亚类	基本类型	名称
综合自然景观	山丘型旅游地	扎尕那山、光盖山、镜泊山、迭山、拇指山、情侣峰
地质地貌景观	构造峰林地貌	峰林、峰丛、残丘、孤峰
	岩溶地貌	夷平面、岩溶洼地、漏斗、石芽、多层溶洞
	冰川地貌	角峰、刃脊、冰斗、冰川U形谷、冰川擦痕、石海

亚类	基本类型	名称
地质地貌景观	峡谷地貌	一线天、嶂谷
	构造地貌	断层崖、褶皱山、断层谷、断陷盆地
典型地质剖面	地层单位及界线剖面	益哇沟石炭系、二叠系典型地层剖面
	地质构造剖面	大型叠瓦状推覆构造剖面
	典型构造样式剖面	不整合面、横卧褶皱、尖棱褶皱、流褶皱、断层面
古生物化石景观	古生物化石保存地	腕足类、蜓类、珊瑚类、笔石、三叶虫等化石（志留系、泥盆系、石炭系、二叠系、三叠系）
地质灾害遗迹景观	地震遗迹	地震堰塞湖
	崩塌遗迹	崩塌面、倒石堆、崩滑体
	泥石流遗迹	泥石流堆积扇
	滑坡遗迹	滑坡体

（2）水域资源

扎尕那地区水资源较为丰富，水域风光类资源基本沿益哇曲、当多曲及其支流分布，水域风光类旅游资源主要有益哇曲、当多曲、措沃瓦和海北高寒湿地等。

水域风光类资源

基本类型	名称
河段	益哇曲、当多曲、代巴库、傲子库
天然湖泊	措沃瓦
湿地	海北高寒湿地
瀑布	益哇曲瀑布

骨麻湖（迭部县农牧局/提供）

录坝湖（迭部县农牧局/提供）

（3）天象与气候景观类资源

扎尕那海拔较高，森林茂密，云蒸霞蔚，气象万千，主要天象与气候景观类资源有石门金锁、迭山横雪、纳加烟雨、林海雾凇、光盖山日出、云雾飘渺扎尕那等。

天象与气候景观类资源

基本类型	名称
云雾多发区	扎尕那山、镜泊山、光盖山
避暑气候地	扎尕那、东哇村等
气候景观	迭山横雪

（4）建筑与设施类资源

建筑与设施是扎尕那最具特色的资源，其主要体现在藏族寺庙、藏族村寨、水转经等。主要建筑与设施类旅游资源有拉桑寺、当多寺、扎尕那村、东哇村、代巴村、尕固村、经轮房、菩提塔、插箭坛等。

多儿水磨群。多儿水磨群位于迭部县多儿乡羊布行政村羊布自然村南侧断崖下，由11个独立的水磨房组成，集中分布在长不过150米、陡降约15%的多儿河之上。每个磨房长约7.5米，宽约5.6米，高6～7米，人字形顶。水磨半部位于多儿河上，为木结构，另半部位于河边，外层由泥石筑成，内层为木结构，由于水汽的侵袭，房顶、墙壁上都长出了青苔。将水引至磨房底部带格的方形木轮上，利用水的冲力带动连着木轮的木轴以及磨房内部的石磨，达到利用最原

多儿水磨群全景（迭部县农牧局/提供）

始的水力机械磨制青稞、小麦等农作物的目的。水磨群历史悠久，村里年长老人说他们祖辈都用这种方法磨制粮食，水磨群也多次被更换、修缮，并逐渐发展到现在的11座水磨。

单体水磨底部状况（迭部县农牧局/提供）

单体水磨房俯视照（迭部县农牧局/提供）

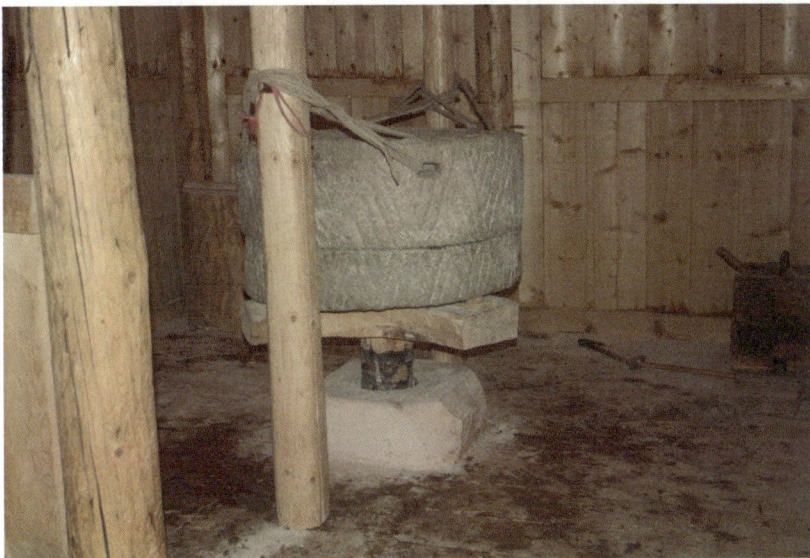

多儿水磨群单体磨房内部结构（迭部县农牧局/提供）

岗岭藏民居。岗岭藏民居位于迭部县达拉乡政府驻地的岗岭村，该村藏式踏板房是全县藏式木建筑保存较好的村庄。踏板房是一种以木为主，土、木、石结合的古老建筑物，房屋四周均由厚厚的土（石）夯筑，一般0.6~0.9米宽，墙角以石做墙基；屋架紧挨围墙，全为木质结构。一座房的整体由正房和廊房两大部分组成。正房屋顶设踏板（木

岗岭藏民居正面（迭部县农牧局/提供）

岗岭藏民居内景（迭部县农牧局/提供）

瓦），搭在人字脊两边。人字脊下平顶盖土。屋内柱子之间全用木板卯榫连接而成墙壁，其余各柱之间根据需要用木板卯榫连接。房内所设的家具，均以框架结构镶嵌在壁间或壁外，不可移动。正房中央设火塘连土炕，上方有天窗，以起到排烟、照明的作用。正房高，廊房低，正房住人，廊房圈牲口或堆放杂物。迭部藏族1000多年前由游牧逐步转为定居生活，在借鉴兄弟民族建房工艺的基础上，总结出了一套利用地形、就地取材的山区建房经验，既有独特的民族和地方特色，又有藏汉建筑风格相结合的特征。

（四）

丰富的生物多样性

扎尕那地处秦岭西延部岷迭山系与青藏高原东部边缘的交接地区，是我国青藏高原气候区与东南季风气候区和高寒草原植被区与温带

森林植被区的过渡地带，属于《中国生物多样性保护战略与行动计划（2011—2030年）》提出的生物多样性保护优先区域，

在海拔4 200米以上的山体顶部，基岩裸露，山坡陡峭，其基部形成了松散而凌乱的高山流石滩地，在流石滩中疏散地生长着著名藏药水母雪莲和红景天。海拔3 600～4 200米，发育了广袤而辽阔的高寒灌丛和高山草甸草原，这里是藏族同胞放牧欧拉绵羊和牦牛等牲畜的天然牧场，也是他们采挖冬虫夏草的自然养殖基地。

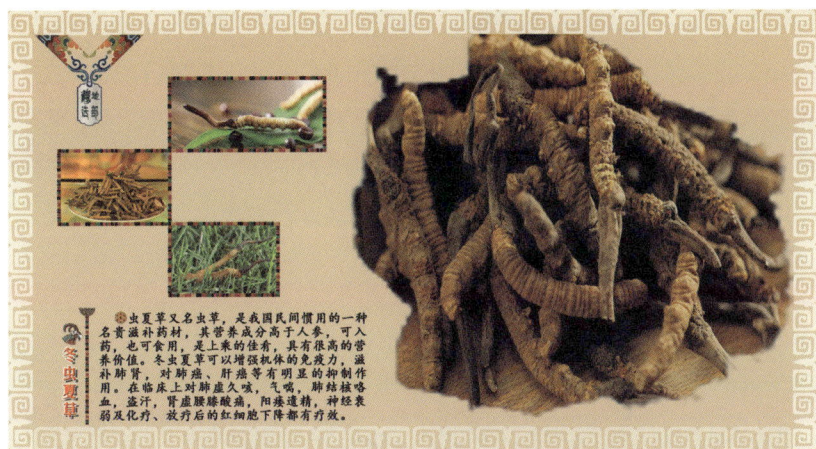

冬虫夏草的自然养殖基地（刘某承/提供）

海拔2 400～3 600米的高山地区，峰峦重叠，沟壑纵横，相对高差达600～1 200米，山坡的坡度变化在30°～36°，孕育了许多美妙绝伦的天然景观，养育了碧波万顷、古树参天的原始森林，形成了独具特色的森林景观，其生物类群繁多。险峡秀峰、飞瀑神湖与百花齐放、百鸟争鸣交相辉映，为藏族同胞狩猎和采集野菜、藏药、野生菌类等多种天然资源的宝库。

在白龙江两岸的开阔地带及各沟河沿岸的山坡阶地，土壤发育较好，土层较厚，为种植农作物、果树和蔬菜等提供了良好的农田。

1. 因地制宜的农业生物多样性

扎尕那地区的植被覆盖率高达到87%，随着地势高低和气候差异的变化，农业生物呈多样性。林地面积最大，约占总面积的48%；牧草地

面积次之，约占总面积的30%；耕地面积较少，约占总面积的20%。

迭部县的种植业可以分为4个区域：东部热润区、南部凉湿区、西部温湿区和北部冷湿区。东部热润区以优质小麦、间套作高产作物玉米和价值较高的蔬菜为主；南部凉湿区以种植蚕豆、青稞为主；西部温湿区以小麦、青稞、蚕豆、马铃薯和茄果类、瓜果类蔬菜种植为主；北部冷湿区农耕地类型主要是褐土类和质地中壤至轻黏土，有利于青稞、蚕豆、油菜生长。

主要农作物品种见下表。

迭部县的主要农作物品种

种类	品种名称
小麦	冬性的有：老红麦、蚂蚱麦、甘麦23号、陕农184、肥麦、武都5号、中引2号等 春性的有：蜀万751、蜀万761、高原338、晋2148、临农14、渭春1号、绵阳11号、绵阳12号、科13、平凉36号等
青稞	老品种有：长芒青稞、肚里黄 引进品种有：六棱青稞、藏兰青稞、牡丹青稞（黄青稞）、矮秆齐、紫青稞
玉米	有金黄后和小金黄2个
葱	品种不详
蒜	一般品种
韭	一般品种
糜	仅1个品种
荞麦	有甜荞、苦荞2个
蚕豆	有白马牙蚕豆、红麻牙蚕豆、羊眼蚕豆3个
马铃薯	主要有跃进、抗疾1号、四斤黄、小白花
豌豆	有大白豌豆、麻豌豆2个地方品种
油菜	有小油菜、奥罗油菜、黄芥、78J-1、78J-2、78J-3（甘南1号）6个品种

种类	品种名称
胡麻	普通品种
萝卜	有绿白萝卜、水萝卜
胡萝卜	品种不详
番茄	品种不详
茄子	品种不详
芹菜	品种不详
芫荽	品种不详
菠菜	品种不详
莴苣	品种不详
辣椒	品种不详
黄瓜	品种不详

2. 丰富多彩的生物类群多样性

据调查统计，迭部县野生植物种类总计约有高等植物140余科480余属1 600余种，其中苔藓植物17科24属30余种，蕨类植物14科22属50余种，裸子植物5科10属30余种，被子植物114科420余属约1 500余种，约占甘肃高等植物种类的30%。有大型真菌34科65属约150余种，其中食用菌112种，食用菌兼药用菌80种，纯药用菌38种，毒菌5种。珍贵的食用或药用菌种有冬虫夏草、松口蘑、羊肚菌、尖顶羊肚菌、粗柄羊肚菌等。

野生珍稀植物共有国家重点保护植物11种。其中国家Ⅰ类保护野生植物有红豆杉和独叶草2种；国家Ⅱ类保护野生植物有连香树、水青树、领春木、岷江柏木、秦岭冷杉、麦吊云杉、大果青杆、紫果云杉、水曲柳9种。复合系统区还有仅产于迭部的苞藜和小叶黑椋子。有13种野生植物被列入《濒危野生动植物种国际贸易公约》（2003年3月）附录物种，其中附录Ⅱ12种，分别是兰科的流苏虾脊兰、银兰、凹舌兰、杜鹃兰、绿花杓兰、黄花杓兰、天麻、双花红门兰、山兰、蜻蛉兰、大戟科的大戟、小檗科的桃儿七。此外，松潘叉枝圆柏（檀香木）、椴、水曲柳等树种由于过度利用，即将变成为迭部的珍稀树种。

山野珍品主要有蕨菜、刺嫩芽、沙棘、羊肚菌、蘑菇、木耳等天然绿色食品，深受国内外商家的青睐。迭部县素有"植物宝库""蕨菜之乡"的美誉。全县各乡（镇）均分布着多种野菜及菌类，其中卡坝、尼傲、达拉、旺藏等地质佳量多。蕨菜年产量达120吨左右。但由于对蕨菜的过度利用，后续资源受到严重影响。白蕨菜、失根菜主要分布在多儿、阿夏等地，年产量约20吨左右。菌类主要以羊肚菌为主，年产量约10吨，其他食用菌可达50吨。已开发上市的食用菌类有羊肚菌、牛肝菌、珊瑚菌、牛肚菌、鸡腿菇等15种，尚未开发的各种野蘑菇品种达30余种。已开发生产的山野菜主要以蕨菜为龙头，其他的有刺嫩芽、山青菜、苦根菜、失根菜、黄花菜、黄瓜香等25种，尚未开发的少说也有50种以上。

迭部县药材资源丰富，品多质优，是全省中药材重点产地之一。载入《甘南州藏中药材资源名录》的702个品种中，该县有545种，占77.6%，其中植物类515种，动物类20种，菌类、矿物10种。全国重点普查的336种中药材，该县有127种，占35%。全县地产藏中药材总储藏量3 500余吨，其中植物类储藏量约3 000吨；菌类、矿物类药500吨；冬虫夏草、雪莲花、狭叶红景天、独一味、五加皮、獐牙菜、翼首草、湿生扁蕾等藏药材储量约100吨。量大而质优的种类有贝母、猪苓、羌活、秦艽、桃仁、李仁、淫羊藿、大黄、黄芪等。2001年，迭部县的药材种植面积曾达100余公顷，栽培品种有黄芪、柴胡、当归、党参等10余种。目前存在巨大潜在开发前景的沙棘、西康扁桃、野生牡丹和荚果蕨等不少植物资源仍然沉睡于山野。

野生动物资源中，有陆生脊椎动物183种，占甘肃省陆生脊椎动物总数的25.4%。特别是珍稀野生动物和特产动物种类丰富，有国家Ⅰ级保护动物10种，分别为金鹏、斑尾榛鸡、雉鹑、绿尾虹雉、大熊猫、雪豹、林麝、梅花鹿、扭角羚、金雕等。国家级保护动物30种，我国特有动物22种，包括西藏山溪鲵、四川湍蛙、岷山蟾蜍、中华蛉、北方齿突蟾、颈槽蛇、高原蝮蛇、雉鹑、绿尾雉、红腹锦鸡、蓝马鸡、山噪鹛、黑额山噪鹛、翅噪鹛、三趾鸦雀、白眶鸦雀、岩松鼠、黄脚复齮鼠、沟牙齮鼠、中华鼢鼠、林跳鼠、林麝。迭部林区还有38种野生动物被列入《濒危野生动植物种际贸易公约》，其中附录Ⅰ有12种，附录Ⅱ有21种，附录Ⅲ有5种。

迭部县云雾滩（迭部县农牧局/提供）

　　迭部县境内天然植被发育良好，森林茂密，覆盖率高达58%，曾是甘肃省的主要木材生产基地。植被类型多样，交汇性明显，起源古老，发育年轻，垂直分异明显。据统计，迭部县共有8个植被型组（占全省植被型组的80%）、19个植被型（占全省植被型的59.4%）、25个植被亚型（占全省植被亚型的51%）和61个群系（占全省群系的24.2%）。其中针叶林植被型组共3个植被型（占该县植被型的15.8%）、4个植被亚型（占该县植被亚型的16%）、15个群系（占该县群系的24.6%）；阔叶林植被型组共3个植被型（占该县植被型的15.8%）、6个植被亚型（占该县植被亚型的24%）、11个群系（占该县群系的18%）；草原植被型组共3个植被型（占该县植被型的15.8%）、3个植被亚型（占该县植被亚型的12%）、4个群系（占该县群系的6.5%）；灌丛植被型组共4个植被型（占该县植被型的21.1%）、5个植被亚型（占该县植被亚型的20%）、22个群系（占该县群系的36%）；高山稀疏植被型组共1个植被型（占该县植被型的5.3%）、1个植被亚型（占该县植被亚型的4%）、1个群系（占该县群系的1.6%）；草甸植被型组共3个植被型（占该县植被型的15.%）、4个植被亚型（占该县植被亚型的16%）、6个群系（占该县群系的9.8%）；沼泽植被型组共1个植被型（占该县植被型的5.3%）、1个植被亚型（占该县植被亚型的4%）、1个群系（占该县群系的1.6%）；水生植被型组共1个植被型（占该县植被型的5.3%）、1个植被亚型（占该县植被亚型的

4%）、1个群系（占该县群系的1.6%）。由上述数据可以看出，迭部县的植被以森林为主，仅针叶林和阔叶林相加，其群系的数量就达到该县总群系数量的42.6%。特别是针叶林的数量不仅占全县总群系数量的24.6%，而且占全省针叶林群系数量的71.4%。而一般很容易与甘肃省联系在一起的荒漠植被和盐沼植被，在迭部县完全不存在。

迭部县境内天然植被（迭部县农牧局/提供）

（五）
重要的生态服务功能

农林牧复合系统不仅为当地居民提供了多样化的物质产品，而且在生物多样性保护、水土保持和水源涵养方面具有重要的生态功能。尤其是作为黄河和长江的分水岭及上游地区，其水土保持和水源涵养的功能显得尤为重要。

甘南州第一高峰——措美峰（迭部县农牧局/提供）

1. 生物多样性保护

生物多样性不仅是未来医学、生命科学研究的宝库，更重要的是地球生命支持系统的核心和物质基础，是社会文化、经济多样性的基础，是维护生态系统稳定性的基本条件。农林牧复合系统气候温和、森林密布、草场宽阔，保育了丰富的野生动植物资源，不仅为当地居民的生产生活提供了丰富的原材料，同时维持了系统的稳定，促进了生态功能的发挥。

据初步调查，农林牧复合系统内野生植物繁多，按照利用类型可以分为11类：①具有观赏价值的野生植物，包括杜鹃、景天、野牡丹、野芍药等；②蜜源植物，包括野苜蓿、松花、乔花等；③淀粉植物，包括蕨根、橡子、黄芪等；④芳香植物，包括香景天、菖蒲、野茴香等；⑤纤维植物，包括箭竹、白茅、马兰等；⑥油料植物，包括山毛桃、漆树、松籽等；⑦食用植物，包括蕨菜、五龙头、沙棘果、树莓等；⑧化工植物，包括曼陀罗花、麻黄、薄荷等；⑨生物农药植物，包括苦参、狼毒、苍耳等；⑩食用菌类，包括黑木耳、珊瑚菌、香菇等；⑪药用植物，包括贝母、虫草、红芪等。

农林牧复合系统还为各种野生动物提供了良好的生活环境。迭部县计有鸟纲12科34种，爬行纲9目16科。系统内分布着多种珍禽异兽，有20种国家保护动物，其中哺乳动物14种，鸟类6种。属于国家一类保护动物的有大熊猫、羚牛；属于二类保护动物的有淡腹雪鸡、暗腹雪鸡、蓝马鸡、雪豹、梅花鹿、红腹角雉、绿尾虹雉；属于三类保护动物的有林麝、马射、苏门羚、毛冠鹿、青羊、猞猁、水獭、马鹿、锦鸡、金猫、石貂等。

多儿洋布百华滩（迭部县农牧局/提供）

2. 水土保持

土壤侵蚀是地球表面的一种自然现象。全球除永冻地区外，均会发生不同程度的土壤侵蚀。土壤侵蚀也是人类面临的最严重的自然灾害之一，这是由于土壤侵蚀过程所损失的肥沃的表层土壤是人类赖以生存的环境基础，表层土壤被破坏将直接威胁到人类的生存，而良好的植被条件可以起到水土保持作用。农林牧复合系统内的森林生态系统、草地生态系统以及梯田系统都具有突出的水土保持功能。

（1）森林生态系统

森林水土保持功能主要表现在以下几个方面：林冠层、灌草和枯落物层对降水有截留作用，从而有效地减弱降水的强度并分散总量，降低雨水对林地表面土壤的冲蚀力，可以大范围阻止面蚀和沟壑；土壤渗透力强、枯枝落叶层厚，减流效果明显，能有效抑制地表径流的形成；减弱土壤冻结深度，延缓融雪，增加地下水贮量；植被层可以有效地降低风速和风力，也可以减少风蚀并减弱风化作用，从而避免林地表层土的流失；众多植被的根系还能够有效地固定土壤，从而减少由于温度的剧烈变化或重力作用引起的侵蚀；林区的生物小循环对土壤的理化性质、抗水蚀、抗风蚀能力能起到改良作用。研究表明，森林植物以其茂盛的枝叶和地被物的综合作用，可有效防止土壤溅蚀的发生。林木枝叶呈多个层次遮蔽着地表，具有不同弹性和开张角度的枝叶对雨滴下降时产生的动能具有分散和消能作用，枯落物层的存在减少或避免了雨滴击溅侵蚀的发生。刘向东在黄土地区的柏松人工林试验表明，树冠减弱降雨动能的16%~40%，灌木草本层可削弱降雨总动能的44.4%，枯枝落叶层不仅因截流作用减弱总动能的9%左右，而且还可将林冠层和灌木草本层的降雨动能全部削减掉。此外，通过其茂密的枝叶、粗大的树干和林下死、活地被物的涵养水源和径流调节功能，减小地表径流的冲刷侵蚀能力。林木发达的根系网络可以固持土体，有效防止面蚀、沟蚀的形成和发展，缓和滑坡、泥石流的规模或防止其危害。

森林生态系统不仅可以通过有效地防止土壤流失并减少泥沙流失来达到保持土壤肥力的目的，同时还能向生存在森林生态系统中的不同植被提供丰富的营养物质，从而达到进一步保持森林生态系统肥力的效果。

多儿洋布风光（迭部县农牧局/提供）

（2）草地生态系统

草地植被水土保持的作用同样明显。1996年中华人民共和国农业部畜牧兽医司提出，一方面，草本植物比其他植物种类更贴近地表，这样更能够起到保持表层土壤的作用；另一方面，草本植物的根系主要分布在土壤表层，而任何土壤侵蚀都是由地表开始的，所以草本植物的根系可以有效地防止表层土壤的侵蚀。有研究表明，生长3～8年的林地，拦截地表径流的能力为34%，而生长2年的草地拦截地表径流的能力为54%，高于林地20个百分点。1985年Jones等在美国Texas（得克萨斯州）地区进行了小麦、高粱、休耕地与原生草地的土壤侵蚀量对比研究。研究结果表明，原生草地的土壤侵蚀量几乎微不足道，而麦地的土壤侵蚀量则达到近1 200千克/公顷，高粱地的侵蚀量大于2 700千克/公顷，休耕地的土壤侵蚀量也超过了1 700千克/公顷。2004年张华等对沙质草地植被防风抗蚀生态效应进行研究时发现，草地植被恢复以后，0～20厘米气流层内的总输沙量由每小时88.8克/平方厘米降至1.16克/平方厘米。1997年董治宝等在研究内蒙古后山地区土壤风蚀情况时发现，农田的风蚀量为未开垦草原土壤风蚀量的1.8～4.0倍。另外，董治宝等在研究风沙土的风蚀与植被的关系时发现，土壤风蚀率随植被盖度的减少呈指数增加。此外，杨泰运、胡孟春、刘玉璋等许多研究也都得出了类似的结论。这些研究都说明，草地植被在防止土壤侵蚀方面起着非常重要的作用。

扎尔那自然风光（迭部县农牧局/提供）

（3）坡地农业系统

系统内的种植业表现为旱作梯田方式，具有良好的水土保持作用，具体体现在两个方面：一是土壤保持。土壤几乎是一种不可再生的资源，自然界每生成1厘米厚的土壤层大约需要百年以上的时间。梯田由于改变了坡面坡度，从而增加了土壤入渗时间，减缓了地表径流流速；同时，由于切断了坡面径流，减小了坡面径流汇集面积，从而减小了径流量；再加上梯田田埂对天然降水、携带泥沙的地表径流的拦截，从而使径流量减少94.7%，减水减沙效益为100%，因而一定程度上控制了滑坡和泥石流等地质灾害的发生。二是涵养水源。梯田生态系统的水循环是自然界水文循环的一部分。在自然和人类的共同影响下，梯田存储降雨径流或灌溉水，多余的水量通过地表回流或深层渗漏补给地下水，汇入地表径流排往下游地区。水分通过田地表层土壤及水层蒸发、农作物叶面蒸腾等返回大气，随着时间和空间的转换不断地循环。

3. 水源涵养

　　受淡水资源短缺、全球气候变化、水资源不合理分配、降水空间分配不均衡等因素的影响，自然生态系统涵养水源的功能日渐突出。农林牧复合系统内的森林生态系统、草地生态系统具有突出的水源涵养功能。

迭部傲傲水帘洞（迭部县农牧局/提供）

（1）森林生态系统

森林凭借其庞大的林冠、厚层的枯枝落叶和发达的根系，能够起到良好的蓄水和净化水质的作用。在没有森林的情况下，降水会通过江河很快流走；而在有森林的情况下，森林会对降水起到充分的蓄积和重新分配作用，将其大部分变为有效水在原地区循环。森林改变了降水的分配形式，其林冠层、林下灌草层、枯枝落叶层、林地土壤层等通过拦截、吸收、蓄积降水，涵养了大量水源。根据我国现有森林生态定位监测结果，系统内山地寒温带针叶林涵蓄降水能力的值一般在100毫米以下。森林依靠其径流调节和水源涵养能力，可以削减洪峰流量，推迟洪峰到来时间，增加枯水期流量，推迟枯水期的到来时间，减小洪枯比，提高水资源的有效利用率。2002年中国可持续发展林业战略研究项目组指出，小流域森林覆盖率每增加2%，约可以消减洪峰1%；当流域森林覆盖率达到最大值100%时，森林削减洪峰的极限值为40%~50%。

此外，森林对污染的降解作用也是十分明显的。森林的林冠层和土壤层能吸收、吸附大气降水中携带的各种物质，从而减少了穿透雨中的污染物浓度。杉木林吸收降水中污染物的研究表明，大气降水携带的18种有机污染物质的累计含量为1.86千克/公顷，而相应的林冠穿透水、树干径流、地表径流和地下径流中这些物质的累计含量分别下降到0.363、0.193、0.021和0.004千克/公顷，下降的幅度分别高达80.48%、89.62%、98.86%和99.68%。

（2）草地生态系统

草地植被的存在，一方面可以通过有机质的分解增加土壤有机质含量，改善土壤结构；另一方面还可以通过根系在土壤中的穿插提高土壤的孔隙度。这两方面的作用都可以明显提高草地土壤的水源涵养能力。草地生态系统的水源涵养能力在山地、丘陵及河流源头等地区显得尤为重要。在这些地区，它可以起到很好的调节径流、消洪补枯的作用。

但是，长期以来，人们更重视森林植被的水源涵养作用，草地的作用并未受到应有的重视，对有关草地水源涵养作用的研究也只有零星的报道。有关高寒草甸草地的土壤含水量研究表明，植被覆盖度与土壤水分之间具有显著的相关关系：在保持其原有的植物建群和较高覆盖度时，土壤上层具有较高持水能力，水源涵养功能明显；高寒草甸草地退

草地生态系统（刘某承/提供）

化后的高山草甸土壤趋于干燥，持水能力减弱，即使进行人工改良后，土壤水分含量与持水能力也不会有明显改善。

虽然本地区植被丰富、林草覆盖率高，但由于本地区岩石易风化，森林棕壤与山地褐土等土壤可蚀性较强，土层薄，难蓄水；山高坡陡，地形破碎，沟壑纵横；降水的时空分布不均，春夏干旱少雨，秋季阴雨连绵，暴雨成灾；地面坡度大、植被差，降水来不及下渗，超饱和状态，形成地面径流，进而诱发山洪、滑坡、崩塌、泥石流等地质灾害。

光盖山石门（迭部县农牧局/提供）

自然因素是水土流失发生的潜在条件，人类活动则是加速水土流失的决定因素。为满足人口增长对粮食需求的增大而进行的刀耕火种式的毁林垦种，牧场过载过牧，过量采伐森林，淘金、挖药、开矿等盲目开发自然资源以及修路、筑坝等基础工程建设都改变了自然系统中的物质能量流动，破坏了生态平衡，造成水土流失。

鹧鸪天 扎尕那农林牧

袁桂荣

游牧农耕远古遥，乡村寺院伴渔樵。嘛呢语里红尘悟，欸乃声中绿韵飘。

披锦绣，捻琼瑶。敢教扎尕赶时潮。佛庐石匣小康印，好梦藏家歌舜尧。

沁园春 甘肃迭部扎尕那农林牧复合系统

丛延春

秀美甘南，世外桃源，古道险关。似石围官殿，壮观雄伟；天然城堡，壁垒森严。峭壁嶙峋，清流跌宕，绿草如茵云雾间。四村里，有拉桑寺塔，美丽田园。

牛肥马壮羊欢！农林牧相依复合联。自农耕汉化，平衡生态；牧游藏习，保护承传。文化通同，民风受异，相互交融共比肩。新时代，正与时俱进，彩绘明天！

三

藏汉文明交融的
农林牧复合系统

甘肃迭部扎尕那农林牧复合系统

（一）

藏族游牧文化

迭部位于青藏高原东部边缘，西秦岭、岷山、迭山贯穿境内，地势西北高、东南低，海拔1 600～4 920米，属青藏高原型游牧文化。目前生活在青藏高原的游牧民族主要是藏族、门巴族和珞巴族。

1. 青藏高原早期文化中的游牧文化

在西藏历史上，"小邦时代"以后，约在公元前4世纪，兴起了三大部落联盟：象雄（也称羊同）、吐蕃和苏毗。汉文史书记载"大羊同，东接吐蕃，西接羊同，北直于阗，东西千里，胜兵八九万，辫发毡裘，

迭部的自然景观（刘某承/提供）

畜牧为业"；苏毗："气候多寒，以射猎为业。出输石、朱砂、麝香、牦牛、骏马、蜀马"。当时的吐蕃崛起于西藏山南地区，农业较为发达。但直到7世纪松赞干布统一时，农耕经济也主要局限在雅鲁藏布江以南的河谷地带，而冈底斯山以北广大的羌塘高原以及青海地区，则主要以畜牧业为主。

2. 吐蕃时期以后"农牧分营"类型的游牧文化

早在新石器时代，西藏雅鲁藏布江中下游的河谷地带，就有从事种植业和渔业的文化存在。吐蕃统一以前，该地区也以农业为主，但分布范围十分有限。那些与甘青地区羌氏有密切关系的藏北和藏西北的游牧文化，正是青藏高原的主流文化。

自公元7世纪吐蕃统一并建立王朝以后，青藏高原的文化类型出现了一次较大的变迁过程——这就是逐渐形成了一种以游牧文化为基础的"农牧分营"类型的游牧文化。所谓的"农牧分营"是指一个民族内部，一部分人口在一个区域从事农耕经济，而另一部分人口则在另一个地区从事畜牧业生产即游牧经济。就今天的西藏而言，"一江两河流域"是农耕经济区，而藏西北和藏北则是游牧经济区。这种农牧分营的经济区域格局也在其他藏区存在，如甘肃省甘南藏族自治州的几个县中，就有明显的农业县和畜牧业县的区分。另外，这种农牧分营的经济文化类型，不仅表现在不同产业的地域分布上，就是同一个类型中也有农牧分营的现象，如在河谷居住的人口主要从事农耕经济，而在大型河谷两侧的高山坡地和台地上居住的人口则主要从事畜牧业经济。

农牧分营的游牧经济类型还有另一种形式，即"蕃租"形式。这种农牧分营的形式主要出现在西藏高原以外的吐蕃扩张地区，如黄河上游的今甘青地区、四川西部和云南北部的藏族地区。具体内容是吐蕃人将他们的土地租予当地汉族或其他农耕民族，而吐蕃人自己则基本不直接从事农耕生产。例如，在今天的川西高原，就曾普遍地存在这种经济形式。史载"黎州（今四川汉源）过大渡河外（今四川甘孜藏族地区），弥望借是蕃田，每汉人过河耕种其地，及其秋成，十归其一，谓之蕃租"。这种"蕃租"的农耕经济形式，是当时作为游牧民族的吐蕃人与农耕民族的一种关系形式。这在一定程度上反映出，宋代吐蕃人仍然主要擅长于他们传统的畜牧业经济，也就是我们所说的游牧经济。

迭部的游牧经济（迭部县农牧局／提供）

农牧分营的经济模式，不同于半农半牧或农牧兼营类型的经济发展模式。所谓"半农半牧"一般是指同一个地区的人口同时经营种植业和畜牧业。具体体现在同一户定居的人家，在从事种植业的同时，又放养了一定数量的牲畜，或者是同一户原来主要从事畜牧业生产的人家，抽出部分劳动力在农业区发展农耕经济。

3. 青藏高原型游牧文化发展的过程

青藏高原型游牧文化的发展过程，是一个自古至今延续发展的过程。基本上是同一性质的民族文化在同一地区不断积累、沉淀的过程，在历史发展的时间顺序上是一个绵延不断的过程，其不同于蒙古高原游牧文化"前赴后继"式的连续过程。

4. 青藏高原型游牧文化的东向发展

吐蕃王朝东向扩张的过程，实际上是作为游牧民族争夺更多草场的过程。今天西藏高原以外的藏族地区，基本上都属于草原牧区。这一历史现象本身也反过来说明了，吐蕃时期青藏高原文化的性质属于游牧文化的范畴。所谓的"西藏文明东向发展"实际上正是游牧经济、游牧文化发展的必然结果。因为他们需要的是更多的草场，而不是青藏高原以外的农田。"西藏文明东向发展"中领土扩张的界限，与其说是以青藏高原的边缘地带为界限，不如说是以青藏高原的草原地带为界限。由此可见，"西藏文明东向发展"的原动力主要是游牧经济的客观需要。

石硕先生在他所著的《西藏文明东向发展史》一书中，分析了三大因素，即"地缘性因素""文化的相融性因素"和"中原文明的凝聚力因素"。诚然，这三大因素都是实际存在的，但是却忽略了古代历史上各个民族的最基本的需求——生存需求，即游牧民族的游牧经济自身所特有的对外部世界的物质需求。通俗地说，作为单纯的游牧畜牧业经济，它本身有其"非自足性"，因此，必须要通过与外部的物质交流，来维持整个游牧经济的正常运转。历史上游牧民族对农耕民族的战争、掠夺等暴力形式的交流，往往成为"互市""贡赐"等非暴力形式不能正常进行的原因。吐蕃王朝对外扩张的本质是，游牧经济为保持内部正常运转的物质交流而进行的暴力形式。

5. 藏族文化总体上应当属于游牧文化的范畴

在经济形态方面，直到今天，游牧畜牧业经济仍然在整个藏族地区社会经济生活中占有相当大的比重。但在这里，我们打算从著名的藏族英雄史诗《格萨尔王传》的文化内涵方面来探讨上述问题。一般来说，《格萨尔王传》在整个藏族地区都有流传，但是相对而言，在藏族牧区流行的程度大于藏族农区。有关学者的研究表明，《格萨尔王传》所描写的社会生活，是一个比较典型的部落社会。例如，史诗中所反映的"林国"就是当时最大的一个游牧部落社会。部落的迁徙、更换草场之事，只有部落大会才能决定。《格萨尔王传》中的描写，从一个文化侧面反映出整个藏族文化的一个十分重要的特征，这就是藏族文化本身所蕴涵着的、浓烈的草原游牧文化气息。

迭部民间体育

迭部藏族人民在漫长的岁月中，养成了英勇善战、能骑善射、勤劳勇敢、倔强好胜的性格。传统的体育活动主要有赛马、射箭、摔跤、大象拔河、抛石打靶、拔腰、扳手劲、拉棒、荡秋千、下方、赛跑等。其中有的项目如抛石打靶、拔腰、扳手劲、拉棒、荡秋千、下方、赛跑等，多在田边地头和牧场山林等劳动场合进行，参加者以青少年居多。有些项目如赛马、射箭、大象拔河等项目，主要在喜庆之日或宗教活动等大型群众集会时才举行。赛马射箭最为热闹，既比马的速度和耐力，又比骑手驭驾技术、姿势、骑射和俯身取物等技术，还比赛马背上小伙子的英武气度以及马的鞍鞯和配饰。

迭部民间体育（迭部县农牧局/提供）

（二）
藏传佛教文化

1. 迭部佛教文化源流

迭部是全民信教的藏族聚居区。最初传入迭部的宗教是生根于古代西藏的原始本教。公元8世纪中后期，本教最初由吐蕃东征军"噶玛罗"部中巫师从西藏协达迪传入四川松潘一带，又从四川松潘传入迭部境内。本教，迭部藏语"白部"。本教创始人叫东巴西让弥沃。他的故乡西藏象雄傲毛隆让称他为西让成杰德巴。本教从"天赤七王"时代盛行到松赞干布时代。从松赞干布时代到现在，经历了兴盛衰败的变迁。它与佛教在长期的交融中趋同，是研究藏族文化不可分割的部分。据考证，迭部本教文化是由造帕达旺加参和肖巴尼玛旺增二人播下的种子繁衍起来的。继本教之后，藏传佛教萨迦派（俗称"花教"）传入迭部。13世纪中叶，萨迦派第五代祖师八思巴（1235—1280年）最赏识的弟子巴西饶巴尔奉师谕旨，回家乡弘扬圣教，最初在迭部电尕地区创建了萨迦派寺院——巴西电尕寺，后该寺改信格鲁派。清道光十八年（1839）年，在四川省若尔盖县求吉前扎阿巴活佛的转世化身更旦仁宝钦和多儿西让村的格巴二人创建了萨迦派寺院多儿白古寺。15世纪，杰·宗喀巴罗桑扎巴（1357—1419年）对西藏佛教进行改革后创立格鲁派（俗称"黄教"）。明代中后期，第三世达赖喇嘛索南嘉措曾亲临甘青藏区进行传教活动，格鲁派在甘青藏区传播开来。在卓尼土司的大力支持下，格鲁派在迭部藏区迅速占据了主导地位。

迭部是甘肃省唯一信奉本、花、黄三种教派的地区，具有独特的宗教地域文化。历史上有34座寺院，现已开放的有23座，其中本教5座，花教1座，黄教17座。1998—2000年，各寺院开展了爱国主义教育活动，

迭部宗教文化（迭部县农牧局/提供）

2008年4月至2009年10月又开展了法制宣传教育活动。2008年，受四川汶川"5·12"特大地震的影响，寺院的各类建筑物都有不同程度的损坏。为了保护佛教文化遗产，2009年迭部县委、县政府给每个寺院资助了10万元的公共设施维修资金，给已登记的僧人户均资助了3 000元的僧舍加固维修资金。2007—2009年，县政府将所有僧人纳入低保和医保。

三大教派在历史的长河中和睦共处，相互学习，取长补短，为一切有情众生积德行善、离苦得乐提供方便法门，是构建和谐文化的精神财富。这些历史文化遗产是迭部各族人民长期生产生活中勤劳智慧的结晶。

2. 寺院简介

巴西电尕寺，始建于公元1257年，是由巴西饶巴尔活佛创建而成的格鲁派寺院。后因活佛和管家不和分为两个囊欠，形成"闹贡毛寺"和"闹吾毛寺"，意为上寺与下寺。1958年以前，上寺有经堂3座，僧舍31院，住寺僧侣44人，活佛1人；下寺有经堂3座，僧舍有30院，住寺僧侣44人，活佛1人。1958年两寺关闭，"文革"期间拆毁。1982重新开放后，在巴西六世活佛洛让扬旦丹巴参加的倡导下，二寺合并后在电尕乡哇曲村附近卡青地方新建有经堂、囊欠、舍利殿等。信教群众遍布15个自然村有2 500余人。该寺是本地区信教群众进行宗教活动的重要场所。

寺庙外景（迭部县农牧局/提供）

拉路佐仓寺，造仓桑恩蒙照达吉良，建于1981年，是由原来的日盖、萨让、谢协3寺合并而成的本布派寺院。1958年以前，3寺有经堂3座，佛塔1座，囊欠3院，茶房3座，僧舍70院，僧侣130多人，活佛4人。这3个寺院均被毁于1958年。1981年合并开放，现有经堂1座，佛殿2座，囊欠1院，茶房1座，僧舍23院，僧人30余名。

迪岗寺，孕旦彭措琅，始建于1588年，是由龙桑文强的亲门弟子贡巴洛桑达吉活佛创建而成的格鲁派寺院，郎木赛赤的属寺。1958年以前有经堂3座，僧舍43院，住寺僧侣61人，活佛1人。1958年迪岗寺遭毁。1991年批准开放，新建有经堂1座，僧舍20院，主寺僧侣20人。信教群众遍布18个自然村，约1 600人。该寺也是本地区信教群众进行宗教活动的主要场所之一。

包合寺、桑周琅，始建于1715年，是丹拜加参活佛主持创建而成的格鲁派寺院，格尔登寺的属寺。该寺由历辈更登仓活佛的转世化生进行护持。1958年以前有经堂3座，囊欠和茶房各1座，僧舍40院，住寺僧侣90余人。1958年寺院被废除。1991年批准开放。信教群众遍及5个自然村500余人。该寺也是本地区信教群众进行宗教活动的主要场所之一。

拉桑寺，青考日迪德琅，始建于1645年，是由东哇宗盖才巴之第格西高巧塔野提仪，才巴与卓尼阿毛主持修建而成的格鲁派寺院，达仓郎木格尔登寺的属寺。1958年以前有经堂、观音殿、财宝佛殿、弥勒佛殿各1座，活佛1人，住寺僧侣140余人。第六世活佛57岁时圆寂。拉桑寺1958年被毁。1982年批准开放，现有经堂2座、密殿、观音殿各1座，僧舍30余院，住寺僧侣40余人。信教群众遍及7个自然村2 500余人。该寺也是本地区信教群众进行宗教活动的主要场所之一。

措爱寺，扎西乐思某伽，位于迭部县西北面的益哇傲子沟境内，牙那村与麻那村之间，始建于1718年，隆让周黎之第罗让桑丹创建有傲子日淖扎西乐思某伽。寺院信奉格鲁派，是格尔登寺的属寺，1958年拆毁。1996年批准开放。

当多扎西寺，青靠木照德青琅，始建于1674年，是由曲结嘛呢哇洛让成来法号兴建而成的格鲁派寺院，郎木格尔登的属寺。1958年以前有经堂、活佛院、茶房各1座，僧舍9院，住寺僧侣14人。1958年寺院被废除。1988年批准开放。信教群众遍及7个自然村，约500余人。该寺也是本地区信教群众进行宗教活动的主要场所之一。

卡巴路寺，始建于1701年，是由青九丹增主持创建而成的格鲁派寺院。1958年以前有经堂2座、囊欠1座、僧舍21院，住寺僧侣63人。来世活佛洛让丹增，卡坝吾一卡村人，1956年寻找灵童后举行坐床仪式。1958年寺院被毁。1983年重新开放。信教群众遍及13个自然村，1800人。该寺也是本地区信教群众进行宗教活动的主要场所之一。

茶古寺，扎西青派琅，始建于1776年，是更登丹拜加参与黑古村的富商扎路二人协商后修建而成的格鲁派寺院，郎木格尔登寺的属寺。1958年以前有经堂2座，僧舍20院，住寺僧侣35人。1958年拆毁后，1983年重新开放。信教群众遍及5个自然村，约560人。该寺也是本地区信教群众进行宗教活动的主要场所之一。

桑周寺，始建于公元1395年，是由给格次九提议黑如欧周等五人修建而成的本教寺院，四川省阿西香仓寺的属寺臃仲桑周寺院。1958年以前有经堂1座、茶房1座，僧舍33院，住寺僧侣73人。来世活佛木皆措哇，1958年错捕入狱后圆寂，桑周寺当年废除。1981年重新开放。信教群众遍及4个自然村，约1 000人。

苟吉寺，始建于1608年，是由罗让桑丹和云道扎西二人主持创建而成的格鲁派寺院，四川省若尔盖县阿西卓仓寺的属寺。1958年以前有经堂、密殿、佛殿、二层楼活佛院、僧人茶房各1座，僧舍78院，住寺僧侣86人，活佛1人。1958年寺院遭毁，1983年批准开放。

恰日寺，始建于公元1867年左右，是由告吉村的首领崔伦主持创建而成的本教寺院，四川阿西香仓寺的属寺。崔伦的子孙康主休、旦古、阿四等人修葺并管理过该寺院。1958年寺院被废除，1991年重新开放。

扎日寺，始建于公元1388年，是由给格次九主持创建而成的本教寺院，四川若尔盖县阿西香仓寺的属寺。1958年寺院遭毁。1983年寺院批准开放。

旺藏寺，扎西彭措琅，始建于1745年，是由西藏胡甘孜来三胡兄弟之一的长兄胡让它倡议创建的。该寺1958年被毁。1980年重新开放。

迪让寺，盖绕彭措琅，始建于1911年。旺藏寺内部发生分歧，卓尼第十九代世袭土司杨积庆，（洛桑丹增南吉道吉）派抗让头人分成两个寺院，迪让寺从此分离出来。该寺1958年被毁。1997年开放。

多乐寺，始建于1390年，即藏族地区佛教广泛兴起的元代。当时住持活佛向拉萨请示，经拉萨教主同意，修建了让噶寺院，后改称为多乐寺。历经六百多年，相继十位活佛住持。

达修寺，扎西桑丹琅，始建于1765年左右，是由洛桑尼玛活佛创建的。该寺于1958年被毁，1981年重新批准开放。

然子寺，尕丹青靠琅，始建于1800年，是由鲁琼活佛伊喜噶让和台力傲活佛洛让伊喜二人主持创建的。该寺于1958年被毁，1980年重新批准开放。

白古寺，代青冷周1琅，始建于1839年，是由现四川省若尔盖县人求告前扎阿巴活佛的转世化身更旦仁宝欠和多儿西让村的格巴二人主持创建的。该寺1958年被毁，1981年重新批准开放。

亚湖寺，扎西青靠琅，始建于1829年，是由丘次周西让主持建成的。1958年被毁，1983年重新批准开放。

纳告寺，始建于公元875年，是由香帕主持创建的。1958年以前有经堂1座，茶房1座，僧舍43院，僧侣75人，无正式活佛（宗教活动由四川省若尔盖县一位活佛兼管）。1958年被毁。1991年重新批准开放。

洛大藏尼寺，尕丹协周柏吉琅，始建于1889年，是由拉不楞寺四世嘉木样活佛尕藏图丹旺秀创建的。1958年以前有经堂1座，囊欠1座，茶房1座，僧舍45院。该寺1958年关闭。活佛为嘉样索南。1981年重新开放。

赛当寺，尕丹协周凯芒达吉琅，始建于1758年，是由图丹扎巴创建的。该寺1958年被毁，1981年重的开放。

多儿白古萨迦寺（迭部县农牧局/提供）

3. 寺院建筑

　　白龙江像一条飘动的哈达在群山中蜿蜒。铺碧堆玉似的峰峦，缥缈飞动的白云，托起一座座金顶朱墙的寺院，仿佛是浮在蓝天之上。阳光照耀，辉煌闪烁，更有帷帘幔帐、经幡神幡，在劲风中摇曳飘动，法古铜钟的幽咽声响在高山峡谷中回荡，顷刻间把人带到一个超凡脱俗的境界。千百年来，藏传佛教以它的宗教艺术想象力，筑土堆石，建寺修庙，雕岩绘壁，刻石钻金，点缀着迭山白水，改变了白龙江畔固有的大自然景观，笼罩着一片神灵飞动的迷雾。

迭山白水（刘某承/提供）

寺院建筑有一个共同特点，就是依山就势。由下而上纵向布局形成建筑群，主寺居中，占据高顶，居高临下，外观规模巨大，气势宏伟，具有一种崇高的美。寺院建筑群主要有经堂、佛堂、佛殿、活佛府邸、僧舍、佛塔等建筑。这些建筑是经过较长的历史发展，在各民族人民相互学习、模仿熔铸的基础上，以优秀的传统手法和技巧，融合吸收青海"五屯"艺术、川西黑水砌石技术和临夏"砖雕"艺术精华，结合藏式技术特点，所创造的具有地方和民族艺术风格的建筑。

寺院建筑（迭部县农牧局/提供）

经堂是寺院的主要建筑，是供学僧修习诵经和开展宗教活动的。经堂殿宇总体呈半月形格局，气魄轩昂、深广延伸，表达出一种天人合一的哲学思想和建筑理念。经堂前面有一个小广场，是朝拜和举行佛事活动的地方。广场周围的大小通道可通往寺院各处，自然形成活动中心。

经堂内空间呈正方形，四壁高厚，在前墙左、右各开一扇内外相通的门。经堂分前堂、中堂、后堂三部分。前堂高大宽敞、阳光可入，中堂为祭祀中心，后堂不分室。经堂主要陈设各种各样供奉之佛像，如释迦牟尼、弥勒佛、宗喀巴佛、白伞盖佛、白度母、狮子吼佛、文殊菩萨佛、千手千眼观音、绿度母、夏卜旦佛等，还有历代活佛灵塔、佛像和护法神像等。后堂也是僧人和信徒朝拜之地。堂内立柱纵横排列，柱高5米以上，中柱高，边柱低。经堂顶是铜镏瓦方亭，四角飞檐，其上装饰物有铜狮、铜龙、铜宝瓶、铜如意、铜法轮等，在阳光照耀下熠熠生辉。

活佛府邸是本寺活佛自己建造的宅院。这些宅院都有华丽多彩的门庭，其宅屋外观呈"工"字形，有高大的台阶。室内挂玲珑精巧式样不同的大小才会宫灯。四壁多悬挂彩绣唐卡，供有镏金铜佛像，室内装饰常有檀木雕刻的屏风、花梨木和红木雕刻的座椅。

僧舍为僧侣的私人财产。传统的多为平顶土木结构，教派不同，其饰纹也不同，大多数以土黄色为本色，其他的饰以白色，多儿乡的白古寺饰以三色条纹。僧舍多为庭院型，院内有花园，种植花卉。房舍分客房、厨房、库房和柴房，房舍内四壁均用木板装饰，木墙壁上有暗柜和碗柜，可盛放日常生活用品。

佛塔是寺院建筑的组成部分之一。在迭部，寺院中大都有一座塔，也称"浮屠"。佛塔的构造自下而上依次分为：①塔座，这是佛塔最下部分的方形基座，它代表着人世间，象征所缘所依。②座梯。③塔面，上面雕刻着守护智慧之宝的狮子。④塔垫。⑤塔檐，它和塔垫象征着"超悟阶梯"。⑥十美，即指富裕的地方——远近牧草美，田宅土质美，饮灌水质美，屋薪木材美等，总称十美，比喻拥有一切美好的条件。⑦塔身阶层，以阶层形状象征心灵发展的四个阶段。⑧瓶座，圆形部分代表水。⑨拱基。⑩拱垫或斗座。⑪塔拱。⑫支撑华盖莲花座。⑬十三相轮，象征十三天，呈锥形，意为"精进之火"，相轮又代表佛说之法。⑭阴法轮。⑮阳法轮。⑯伞状月盘，表达佛幢，象征"风"。⑰月亮。⑱太阳，日月象征精神。⑲塔尖，象征"空"。

迭部民间工艺

迭部境内的民间工艺主要有壁画、酥油花、木偶、泥塑、木刻等，主要集中于佛教寺院。

壁画。各佛教寺院经堂的内壁、梁柱、前檐装板、墙壁上，均有壁画和布画。多以佛像和宗教故事为主要内容，且因教派不同而各有规范。画师多请外地工匠承担，部分出自当地名艺人之手。

酥油花。酥油花是藏传佛教寺院特有的一种绝技。它以酥油为主要原料，按需配入各种颜料，并适量加入面粉等配料，也增其硬度。表现题材多为佛教故事，也有动物、花卉、山水、建筑等多种形象。制作颇为艰辛，俗语谓之"先入三伏，后进三九"，即调和颜料时，室内温度要高，酥油团柔软如泥，颜料才能揉匀。而至骨架成型后，室内温度需要在0℃以下，温度越低，彩塑才易于凝固成型。而每抓一团酥油，还要蘸一下凉水，以助成型。一般置于阴凉低温的室内展出，将其集中摆放在一个展盘。油塑在寺院负有盛名，它是藏民族艺术中的瑰宝。县境内的电尕、旺藏、赛当等寺院，于每年正月十五均有酥油花展之例规。

木偶。1958年前，旺藏寺院于每年正月十五前后，在跳法舞、展酥油花的同时，还举办一种木偶工艺活动。制作木偶的原料主要是泥、布、纸、木板、枝条、颜料等。僧工经过画面设计、捏、编、折叠、泥塑、木刻等工序，制作出两座外形美观考究、造型奇特的"经堂"模型。其中一座"经堂"大门敞开，堂内有许多约17厘米高的木偶喇嘛、和尚列队拜佛，供桌上的酥油灯闪烁，神态栩栩如生。另一座"佛堂"廊檐上，有一群木偶人被系在绳索上，表演杂技。"堂"内点燃一盏酥油灯，木偶小和尚们手持各种乐器进行演奏。手托酥油灯的"和尚"们漫步起舞，模拟僧人举止磕头拜佛，转"古拉"。整体造型是一帧逼真的经堂建筑艺术及佛事活动场面的微型立体画面。实为寺院僧侣中捏、折叠、编制、泥塑、木刻等精湛工艺的综合表现。

木刻。木刻多见于寺院经堂木质建筑和器具上，农村民房仅有个别富户屋檐才有木刻彩纹装饰。雕刻的位置主要在椽梁显要位置及斗拱、柱子、门窗上。常用的图案主要是与藏传佛教有关的金轮、白海螺、宝伞、胜利幢、莲花、宝瓶、金鱼、吉祥结八宝图案。

（三）
汉族农耕文明

　　农耕文明，是指由农民在长期农业生产中形成的一种适应农业生产、生活需要的国家制度、礼俗制度、文化教育等的文化集合。农耕文明将儒家文化及各类宗教文化集合为一体，形成了自己独特文化内容和特征，主体包括国家管理理念、人际交往理念以及语言、戏剧、民歌、风俗及各类祭祀活动等，是世界上存在最为广泛的文化集成。农耕文明的重要表现为男耕女织、规模小、分工简单、不用于商品交换。

1. 与自然环境相适宜的农耕文化

　　藏族人民对青藏高原的开发，应从农耕生产开始算起。因为游牧人虽然驯化了牛、马、羊，但其自身完全受制于自然。他们只按环境、气候变化行事。农耕者在适应环境的前提下，力图对环境加以改造。将草原开垦成农田，是他们改造自然的第一步，于是在高原藏区形成了不同于游牧文化的农耕文化。

　　早在公元前5 000—3 000年，青藏高原的人们便在海拔较低、气候温暖的河谷盆地经营较为原始的园艺式农业生产。西汉时期（约公元前60年），赵充国在河湟地带垦荒屯田。以后历朝都在这一带鼓励农耕生产。吐蕃时期，青海河湟地带与西藏拉萨河谷都是农业地区。西藏山南地区至今仍然被称作西藏的粮仓。青藏高原农作物主要有：冬小麦、青稞、豌豆、油菜、马铃薯（洋芋）。除此之外，还少量种植蚕豆、玉米及各类蔬菜。到1950年，青海省农业区主要分布于祁连山东段黄河、湟水流域的柴达木盆地。西藏农业区主要在雅鲁藏布江中游的干流、支流河谷地带，西起拉孜，东到桑日，东西长500千米，南北宽50～200千米。但是，青藏高原农业耕地面积在全区所占的比例仍然是比较低的。20世纪80年代，在总共196万平方千米的青藏高原上，天然草场约占全

迭部农耕文化（迭部县农牧局/提供）

区土地总面积的2/3，农业耕种面积仅占总面积的0.5％。但是在农业总产值中，畜牧业产值约占40％，种植业产值约占30％。

2. 历史上藏族农耕文化特点

（1）农牧结合

整个藏区的农业地区并不是纯粹的精耕农业区，而多呈现农牧结合的经济特色。农牧结合的经济已有悠久的历史，公元6世纪吐蕃时代已在较低海拔地区形成这种经济模式。之后，由于外来移民的压力及外来文化的影响，人们曾在高海拔地区进行垦荒种植活动，半农半牧地区逐渐向西向北高寒地区扩展。但海拔3 600米以上地区，种植业发展异常艰难，高寒地区垦荒种植大多以失败告终。故藏区几千年来在东部低海拔地区一直维持着半农半牧的经济模式，而在西部、北部广大高寒地区则一直以畜牧业为主。直到20世纪80年代，藏南河谷地区19个农业县中，牧业产值占农业产值的33％，收入占整个收入的 30％。在其他半农半牧的地区，牧业产值与收入要占70％。

（2）农牧结合的经济是藏族人民为适应高寒自然环境而采取的适宜策略

青藏高原是山的世界。高原农业地区只占高原总面积的0.5%，农业田地分布在江河河谷或者山坡上，面积狭小。高原藏区山区海拔较高的山坡和山顶气候常年寒冷，适宜牧草生长而不能种植；较低河谷滩地气候温暖、地势平坦，可进行小面积种植。农业呈现垂直分布状态。一个地区农业与畜牧业同时发展，既是对当地环境的适应，又能充分利用不同海拔高度的地理自然优势，达到人类经济活动与自然环境相适应、相配合。

农牧结合（迭部县农牧局/提供）

（3）农业与牧业的共同存在也是藏族人民生活的需要

农牧结合可满足农民正常生活需要。农业提供了面粉、蔬菜等食品，牧业提供了奶、肉类食品，从而保证了高原寒冷地区人们的最低生活需要。农牧结合在生产方面可相互补益。家畜可为农事提供畜力、肥料，种植业为家畜提供饲料。农牧结合也是维护藏族传统生活方式与传统文化的基础。糌粑（青稞炒面）、茶与手抓羊肉，构成藏民族的主要饮食结构。不论俗人还是僧人，农民还是牧民，这种饮食结构是共同的，而且千百年来不曾改变。藏族的传统文化——经济活动、生活方式、风俗习惯、礼仪行为、文学艺术、宗教活动等也离不开糌粑、茶与手抓羊肉。农牧结合的经济活动是维持传统的基础。

（4）农事与自然环境相配合

一个群体从自然环境中所取得的能量越少，那么对环境的改变就越小。藏族农业经济活动基本上处于自然环境的制约之中。"靠天吃饭"是其经济活动的基本特点。藏族人民采取了许多措施使农业与自然环境相协调。

高原藏族农业区依照生态环境呈现立体布局。高原河谷地带的两侧山岭，随着海拔高度不同呈现不同的气候特征与生物特征。河流两岸滩地，平均海拔500～2 500米，阶地较宽，土壤肥沃，水源充足，被称为川水地区。历史上，在这儿形成了耕地连片、阡陌交错的景象。田地之间种植果树或杨树、柳树。河岸边一般为小片森林与草地。河谷两岸的低位山地带，海拔2 000～2 600米，为峁状丘陵沟壑。这儿气候暖和，但干旱缺水，一般呈现田地同草地相间分布的状态。田地种植耐旱作物，而差不多相同面积的草地用来放牧。海拔2 600～2 800米的高位地带，称为脑山地区。历史上这类地区一般为草原牧场、灌丛与森林地带。海拔4 000米以上高山，多为积雪、冰川或裸岩地带。

根据这种地形特点，藏族人发展出了在河滩川水地耕种，浅山耕地与牧草地相间，脑山地放牧这样一种垂直立体的多样经济类型。这是高度适应地理环境的最佳布局，呈现出农、牧、林相互依存，优势互补的大生态系统。

开垦的农田与天然草地相间分布，农业与畜牧业混合。在适于耕作的地区，一般在草地上开垦农田。农田呈长方形，农田之间留着与农田面积相等或略大于农田的草地，农田与天然草地并列存在。保留相等的草地，可以很好地保持水土，可以放牧不多的家畜。这些家畜既是农业耕作的主要畜力，又是运输的主要工具，同时也为农民补充肉和奶。无论在河谷滩地还是浅山地区，保留与农田面积相等的大片草地，对一个社区来说具有重要的经济意义与生态意义。

农田实施轮作休耕制。藏区实施耕三（年）休一或耕二休一制。农田休耕的一年中，要深翻两次，以防生荒草，从而达到使土壤疏松、吸取水分与阳光的效果。实行作物轮作制，第一年种青稞，第二年种马铃薯，第三年种油菜或燕麦，第四年休耕。这种方式能使土壤由于不同作物轮换而保持活力，不至板结，并能使农作物相互吸收利用对方的有利资源。

施肥与灌溉。所有农田都使用农家肥，主要是马粪、牛羊粪、人粪

扎尕那东哇村（迭部县农牧局/提供）

尿、草木灰、烧野灰等。在平滩川水地区，人们普遍兴修水渠进行灌溉；但在浅山脑山地带，人们无灌溉习惯。

（5）动土先请神

农民在一年中的农事活动中，要时时事事请求祈祷自然诸神。

春天，因为要动土耕作，所以农事方面祈求土地神，表达人们对土地的敬畏。春天耕种前，农民们要在田地煨桑焚香，祈祷土地神。这已成为农区耕种前的一种固定仪式。在西藏一些地区，春耕前一天，人们到首先要开耕的土地上，焚香煨桑，竖起经幡，唱吟颂词，以祭祀神灵。"每户带来一对耕牛，由该户主妇向天敬酒一次，在耕牛脑门上抹三道酥油，以示吉祥。在每对耕牛的轭木上插上经幡，新耕的第一犁，由属相相同的妇女撒出吉祥、福运的种子。其余耕牛一对跟一对地耕翻。"随后举行体育、歌舞会庆祝。在汉族农业区，人们下地干活一般穿破旧的工作服，而赶集、走亲戚则穿新衣服。但藏区不同，在春播期间，人们要穿新衣服下地，以示对土地的敬重。

夏天是万物生长的季节，这时的宗教仪式主要是保护万物生长。通过对土地、庄稼的严格禁忌，来保护土地草木资源。比如，禁止人们在田地吵架（恶声秽语不利于植物生长）；禁止在田间焚烧发出臭味的东西（异臭味不利于植物生长）；禁止上山挖掘药材，尤其是去神山挖掘；禁止在湖边、泉边污染水源，否则会遭受龙神的惩罚。另一方面，有许多仪式与行为是促使植物生长的。在青海东部半农半牧的山区，农历五月到六月底，田野麦苗青青，山坡野花开放，天空百灵鸟飞翔，泉边水滩青蛙欢叫。人们认为此时美妙悦耳的歌声会使庄稼长得更好。于是野地里能听到姑娘小伙子的"花儿曲"或"拉伊曲"。牧童在这个时候成为祭祀山神、祝愿万物欣欣向荣的角色。夏初，他们一边放牧，一边吹起悠扬清脆的笛子，与百灵鸟歌声配合。夏末秋初，庄稼已抽出麦穗，他们要吹唢呐。在寂静的山谷，唢呐单调而拟人化的音调，会使人觉得这就是自然界动物植物发出的声音。牧人还有一项任务，就是每天赶着牛羊到间隔麦地的草地上放牧。人们相信牲畜的气味、粪便及发情交配都能使庄稼长得更好。

秋天也有宗教仪式。西藏地区的望果节在秋收前夕举行，主要是表达农民对土地神的感激之情，并祝愿庄稼丰收。为了保护农作物不受损，为此宗教仪式中有与自然神协商的内容。动员民众防霜冻也是秋天要举行的重要仪式。中秋时分，天空晴朗时，极易发生霜冻，于是全村人都在夜里到田地焚香煨桑。清晨便有一层烟雾笼罩庄稼之上，这样能有效防止霜冻。这是一种明显的理性的行为，但民众仍认为是求神防霜。

农事前的祭祀场面（迭部县农牧局/提供）

如果以今天经济学中"理性经济"为基本标准，以"效益"、"利润"、"产值"、"产量"这些概念来衡量，藏区经济的确是停滞不前的、落后的、原始的，几千年来进步不大。但是我们也要注意到：人类经济活动从来也不是单纯的交换计算过程，"经济体系总是沉浸在文化环境的汪洋大海之中。在此文化环境中，每个人都遵守自己所属共同体的文化规则，其习俗和行为模式，尽管未必完全为这些东西所决定。"前几节内容我们谈到，藏族人在青藏高原创造了一种适应自然环境的生存文化，这种生存文化与自然环境高度适应，其游牧方式、农耕方式都是这种文化中的一个有机组成部分。这种文化的价值观念决定了游牧方式、农耕方式不是纯粹为谋利的经济活动方式。由此可见，藏族人的文化与生活方式，不同于今天我们所熟知的那种追求物质利益、舒适、无限制消费的生活方式。他们以自己独特的文化向世人表明，他们拥有自己的天地、自己的追求、自己的生活。传统社会生产力的落后、经济的停滞不前是由于社会因素、自然因素及整个历史背景的制约造成的。但这并不意味着藏族生态文化的失败。中华人民共和国成立以来，藏区社会经济取得了巨大的进步，同时也较好地保持了藏族传统文化与生活方式，表明物质文明的进步与传统生态文化是可以和谐并存的。

迭部民间音乐

迭部藏族能歌善舞。逢年过节、娶亲、盖房等喜庆之日，人们就奏乐跳舞，气氛热烈。这些民间音乐的词曲没有文字传承，均系民间艺人通过心记、口传，以歌唱、伴奏等形式传给后辈。从民歌曲调的品种说，有酒曲、山歌、舞曲、劳动号子、僧乐5种类型。

酒曲。藏语称"强勒"，一般在逢年、过节、盖新房、办喜事时演唱。歌词内容以庆贺祝福为主。一般以衬词或叹词起句，前两句开起句和后两句结束语都用吉祥、祝福一类的赞颂词，而中间两段或三段才是酒曲的主词，也就是一首歌的主要唱词内容。酒曲演唱者多为男子，他们盘腿坐在炕上或地下，用右手掌托腮帮开始演唱，没有表演动作。

山歌。藏语称"拉伊"，主要在山野、森林、牧场等野外演唱，可一人唱，也可对唱。曲调可长可短，内容多以情歌为主。歌词多

而向上延伸达于顶端。帽顶用白布或花布封顶，微凹。多儿一带妇女的帽筒较高。青年妇女的帽面颜色绮丽鲜艳，丰富多彩；年长者多用黑、朱红色布料或褐子制作。20世纪70年代以来，这一带妇女们因图干活时方便，大多喜戴黄军帽。

男子上身穿高领白色的布长衫，袖口边缘绲6厘米宽的花纹氆氇，用绿绸带束腰，上别砍刀，衫长及于膝下。脚穿单层牛皮包底靴子，靴筒镶衬红、绿布条。下身穿黑色窄筒长裤，膝下部分装入靴筒，用系带束扎。此种着装给人以古朴大方、干练潇洒的感觉。妇女则穿半高领、右衽、大襟单夹袍，类似蒙古袍服。黑色居多，也可根据年龄爱好选料面制作。一般年轻者色彩明朗，年长者则深沉暗淡。袍面多选以黄色"寿"字为中心图案的深蓝色布料，领颈部分先用花布绲边，并镶缀黄色暗花锦缎，再用花纹氆氇。各色布条竖直饰以10～15厘米的宽边，线条粗犷，色彩鲜艳。着装时在腰间用红绸紧束，其上又套皮子银腰带，腰带两边又挂直径约8厘米的精美银盘，一串银钥匙佩戴身后。上层单袍袖口虽无边饰，但为了便于劳动和行走，她们常提起袍服下摆右角，别于腰际。挽起袖口时，则会露出里层缘边各色布条镶饰的边饰或花布里子，使领、襟、袖、衣角四处边饰彼此协调呼应，在黑底色袍面的衬托下无比艳丽。下着宽大的紫红丝绸直筒裤，膝下部分装于满帮、软筒、厚底、尖头布鞋的高腰中，鞋的颜色为上黑下红。平常劳动时，在长袍上套以无领、无袖、对襟二毛皮坎肩。坎肩面料色彩与其下的长袍色彩形成变化对比，周边饰一圈洁白的羊羔绒毛，显得素雅温和。尼傲、旺藏一带的妇女在劳作时，上身套一件无袖无面的羊皮长褂。

在县境东部，下迭的花园、洛大、腊子、桑坝乡一带，男子头上是盘巾，即用1.2～1.5米长的黑布或蓝布折叠成9厘米宽的布条，层层缠绕包裹在头顶，呈盘轮形状，显得深沉质朴。上身着白色大襟短袄，腰系6厘米宽、2米多长黑白色相间的羊毛纺织腰带，干活时外套帆布坎肩。下身穿黑或蓝色筒裤，脚踝至膝下用蓝布或黑布条自脚踝至膝下处逐层缠裹。脚穿千层布底鞋，鞋帮用硬布或褐子制作，中间锁梁尖头上翘。这种着装简洁明快，精干利索，衣裳、腰带及鞋面是蓝、黑、白三色，至为庄重。

这一带未婚姑娘梳两条辫子，头上包二尺黑布帕，在脑后打结，两片黑布角撇于两侧。其中一条辫子在黑布帕外缠一圈，有的在辫子上交缠五彩丝线做装饰；另一条拖在身后，表示已成年可嫁。已婚妇女梳三条辫子，一条盘缠头上，另两条垂吊身后，每条辫子尾端都要坠一精美

迭部民族服饰文化（迭部县农牧局/提供）

的银制小圆盘，当地叫"乃多子"。银盘上有黄金包绘的凸纹图案，镶5个珊瑚珠。她们的辫子以粗、黑、长为讲究。在辫子中掺入黑丝线与头发混编，辫梢上还吊一缕长30厘米的红、绿、黄、桃红色混杂的丝线，使其下垂至膝下。耳朵上戴的银耳坠呈灯笼状，下面吊30股左右的银丝链，丝链尾端各缀一小珠玑，长达30厘米，左右两耳上的坠子又用一长银链连接。另外也有佩挂这里流行的另一式样耳环，即用直径为6厘米的圆形银薄片，将另一直径6厘米和圆形银环从银片圆心穿过。还有些年轻女子戴六合一统帽，俗称"瓜皮帽"，即用6片罗帛或黑布拼缝而成，顶端缀一撮珊瑚珠。左鬓斜插一长21厘米、一头宽一头窄、呈半圆形的银杆，并附带直径约6厘米长的互相连接的2个银盘，嵌珊瑚珠6颗、腊珀玉石3颗，价值较昂贵。

妇女们上身着三层衣。最里层是衬衣，颜色多浅淡。中间一层多是天蓝、花、红、绿绸缎缝制的低领短袄，其中天蓝色最普遍。领口缝制两个长方形的子母银板扣，以蓝色为底色，用银丝勾勒图案。子母扣分别缝在领的两头，子扣乃一红珊瑚珠，套进母扣，既美观又实用。开襟处饰以阔边花纹布条两道，袖口边缘镶包2.1厘米宽的各色深浅布条。胸前佩挂各类饰物，如一块宽大白色手帕，折成三角形搭于身后，既是擦汗实用物，又是一种装饰；还有彩绣针线荷包、一串小铜钱、玲珑小顶针、牙签、钥匙以及用竹片制作的小口弦。腰系18厘米宽、2.4米长的毛纺腰带，大红或枣红色，挂里加层，无纽扣，有扣也不系，看起来既紧凑又干练。第三层是外套黑布或缎料的开襟坎肩，并不系扣。劳作时另套无面羊皮坎肩。下穿大裆阔筒裤，裤口宽大约50厘米。穿着时在脚踝处用花带子扎起，呈灯笼状，亦称灯笼裤。用料多为平绒、棉布、化纤、绸缎等。足穿多层底的绣花鞋，鞋帮上几何图案精美。这种着装，因下身裤管肥大，腰际有毛纺宽带紧束，人体轮廓显得上小下大。随着时代的变迁，现在青年男女平时穿市场流行的汉服，但在偏僻的村寨和年龄稍大的妇女中，较多穿传统服饰。无论是城里或乡下，无论是男是女，每人都必备一套布料高档、做工精致、款式考究的民族服饰，平时珍藏，只有在喜庆节日或隆重集会上才拿出来穿上。

综上所述，迭部藏族服饰有如下几个特点：

习惯。藏族服饰给人印象最深的就是右臂常露出袖外。俗语云："藏民穿衣服露一手"。这正是藏族衣着在习惯上的真实写照，尤其是上、中迭一带较为明显，体现出一种猎牧民族的精悍与雄迈之美。长期的劳动和生活实践，使他们习惯于从事劳动时握持重物，反映在服饰习惯上，便是露出右臂，将右袖缠腰或搭于肩上；夏天则将两只手臂都露出，左右两袖都缠在腰间能方便活动，此为其一。其二，各地着装都比较单薄，上、中、下迭藏服尽管都各自不同，但其共同特点是开襟、无兜、饰边。上迭的服饰在下摆、袖口上直接用水獭皮或豹皮嵌制，显得宽阔、自然、大方，富有宏重脱达的形式美。同时藏服一般袖管较长，可以利用长袖阔带伴而起舞，借助长袖任意挥洒，以显示富有节奏、飘逸浪漫的优美舞姿。

实用。大都裹头、束腰、绑腿和穿坎肩。这种特征是与生活相联系的。因为迭部在地理上属高山峡谷地带，树木茂密，气候温和，牧场多在高山灌木林间，农田多垦修于高山坡地，又常隐没在烟雨浓云之中，羊肠小道崎岖陡峭，树木满山，芳草没石，此为迭部人赖以生存的基本条件，也是向自然攫取生活资料的源泉。世代藏人起早贪黑，出没往返于此，放牧、耕种、送肥、收割、拾柴等。随身背篓便是唯一的工具。若负背过重行走于山路，宽敞的衣袍不用腰带束扎，就显得拖累，有碍于行动，不便于步履利索；若进山林割草拾柴，不扎绑腿或包头，裤口衣袖就常被树杈荆棘划破，或被虫蛇咬伤，或被碎石击中；同样，高山烟雨连绵，气候潮湿，常有冷风侵入肌体，缠头、束腰、绑腿和套坎肩无疑会起到保暖御寒之作用。上迭一带的藏袍无论是单是棉，通常都比自己身高长，穿时多顶到头上，便可把长度控制在一定范围内，不致拖到脚下时再扎紧腰带。此时腰间可以腾出许多空间，呈兜囊状，平时可怀揣一些用品。妇女可利用袍长之优点，将孩子背于身后，扎好腰带，既可从事劳动，又能照料孩子。此种以生产劳动为需要的实用服饰，是客观世界的必然性与他们自由创造的才能在实践中得到的统一。按"美的规律来建造"，也是迭部人本质力量的充分显示。

迭部民族服饰文化（迭部县农牧局/提供）

设色。无论是上迭、中迭还是下迭，其设色都比较浓重，多采用黑、白、深红、赭石、墨绿、藏青等色调，显示出一种纯朴古拙的意味。藏民族尤其喜欢对比强烈、鲜纯明亮的色彩，极少使用柔和的间复色，多以饱和度极高的未经调拌的原色来展示他们热爱生活、热爱大自然的强烈感情以及耿直、忠厚、勇敢、深沉、强悍的民族个性。藏民族所喜爱的几种颜色在男女服饰上几乎没有区别。不同地方、不同季节，服装设色虽有一定变化，但并不十分明显，有时只表现于同一色相色度的深浅变化而已。

这种色彩所反映出来的审美原则表现为：白色是纯洁的象征，可以带来吉祥与幸福，标志着崇高的感情；黑色深沉而庄重，意味着威严肃穆、坚实和稳固，代表其民族气节与刚毅的性格；红色则常给人带来温暖与明亮，认为是黑夜的篝火与生命的血液，有种热烈兴奋的情绪；绿色是生命与青春的象征，使人联想到生存和成长、安全与和平；蓝色是天空的颜色，是广阔深远的象征，给人以静谧、凉爽之感，展示着人们的理想与无限之情；紫色幽雅、古拙，给人以安详自适之感；金色是光明和希望的象征；黄色是神圣的，标志着富贵华丽，因此活佛和高僧常穿戴黄色织品，佛殿经堂供奉金色佛祖像，而一般的藏民着装不采用黄色，这是藏族服饰设色与审美意识的一个独到之处。

藏族服饰最基本的颜色就是黑、白、红三色。单是白色会给人既刺眼又飘浮之感，倘用红或黑一配置，则马上显得既明亮又沉着。白色衬衣、黑色衣袍、红色腰带，三色并置一起，互压互衬，形成对比中的统一与和谐，使其白而不刺、黑而不漆、红而不彩，在色相与色度上形成一种悦目感。

迭部民族服饰文化（迭部县农牧局/提供）

装饰。既体现庄重、古拙、质朴的风格，又形成光彩夺目、华丽富贵的设色。无论是首饰品还是服饰品，均形成一种壮观、宏重的造形。在首饰上主要有耳环、项链、辫尾坠的珠玑、手镯、戒指等。男女老少均有戴耳环或耳坠的习俗。传统耳环多为银制品，有大有小，形式多样。有的尾端带坠子，大的直径为12～15厘米，小的则为5～8厘米。现代城乡妇女改戴小型新式银制或金制耳环。妇女除戴金银耳环外，脖子上一般要戴一串项链。传统项链是由一颗颗大小不同、颜色各异的珊瑚（粉红、深红带白）、琥珀蜜蜡（橘黄、浅黄）、松耳石（湖蓝或绿色）、奇南香等珠串联而成，也有用红、蓝、绿色玛瑙和淡黄象牙制成的，一般20～30颗串为一副。县境内上迭妇女多佩戴这些项链。项链从价值上讲以真珊瑚最昂贵，一副在万元以上，不具备一定家资的姑娘是佩戴不起的。许多装饰品本身不含功利性，但一经形成就不再是装饰意义本身了。尤其是产生宗教行为之后，就会蒙上浓重的宗教色彩。倘有活佛将一串项链或一串素珠，甚至一条红布绳戴在哪位姑娘脖子上，其价值与意义就远远无法用金钱来计算了。迭部妇女，特别是姑娘有发辫尾端系珊瑚、银元、链珠的习惯，长长披于身后。较为常见的缠发绳即在辫子里面掺入红、黄、蓝、绿交织的毛绳吊于身后。扎发辫似乎除了装饰外另有含意，就是扎上发辫意味着姑娘在生理、心理上趋于成熟，可以婚嫁。未扎发辫的姑娘，小伙子是不能向其求婚的，否则是无礼。下迭妇女在辫尾端坠吊银制圆盘。此为传统头饰，银盘上有金黄色凸纹图案，并镶嵌五颗珊瑚珠，这种饰物主要在婚礼、节日迎送宾客或敬见长辈时佩戴，以示敬意、庄重与福祥。手镯和戒指一般为银制品，也有少数象牙、玉石或黄金制品，均属贵重首饰，既是财富的象征，亦是青年男女定亲时馈赠的信物。

在服饰品上主要有护身符、皮革腰带、藏刀。大凡藏人随身都要戴个护身符。迭部男女佩戴的护身符是一个做工精致的银质盒子，用一根红布条系了戴在脖子上，盒内装佛像和经文。银盒正面有凸起的纹路，并镶有珊瑚珍珠，小巧玲珑，造形优雅，有圆形、椭圆形和长方形几种。一般男戴圆形，女戴方形，和尚则戴椭圆形。常在隆重节日、佛法盛会的场合佩戴，以图吉祥，以示信教之虔诚，表现了一种期冀心理，也是一种精神寄托。上迭妇女在红腰带之上又系一条皮革腰带，这种皮革腰带正面均匀镶嵌银制圆形泡钉，一头装有铜或铁制带扣，皮带朝人身前方部位还镶有红、绿珠和珊瑚，这是一种功利性很明显的装饰品。县内大部分地区的男子，在腰间挂一把藏式腰刀，有5寸、7寸两种规格；刀刃锋利、钢水纯真、造型优美、式样繁多称佳；刀柄大多用熟铜片、白铁皮、黑牛角、玻璃等材料制作，并压制成精细秀丽的纹道；刀鞘通常用铜或铁皮做成，内夹木片。藏刀历史悠久，式样考究，最早是防身武器，也是吃肉、屠宰的工具，后来渐渐成为藏族青年非常喜爱的装饰品，可以说是一件奇异别致的民族工艺品。

4. 民居建筑

在青藏高原东部边缘至秦岭西延部过渡带上的甘肃迭部县境内有一种古老而独特的民居建筑，那就是鲜为人知的榻板房。它们大都分布在岷、迭山间的沟谷、坡地、峡口以及苍茫难觅的千百个山坳间。走进它，

迭部传统村落（迭部县农牧局/提供）

我们仿佛看到了一幅幅悬挂着的以绿水青山为背景的活脱脱的画卷；走进它，我们就好像走进了一座座古老的民俗博物馆中。那无与伦比的陈列，讲述着发生在这块土地上的故事，使我们聆听到了一曲曲悠扬而深情的天籁之音，品尝到了高原山地民族酿成的如青稞酒、酥油茶一样醇香的文化美酒，又仿佛读了一本用智慧写成的大自然的教科书……

当我们来到岷迭山脉这神奇而美丽的大峡谷中时，满山遍野的常绿乔木，在温润散淡的阳光里舒展着它们柔软而坚韧的身躯。远远的，在那巨大的山坡上，我们可以看到火柴盒般的榻板房组成的山寨。这些山寨的年限，最短的在300年左右，最长的达到了500年。

迭部藏族从1 000多年前由游牧逐步转为定居的过程中，在借鉴临近兄弟民族建筑工艺的基础上，总结出一套利用地形、就地取材的山区建房经验。旧式民房，既有独特的民族特色和浓郁的地方特色，又有藏汉建筑风格结合的特征。

榻板房（楼）是一种以木为主，土、木、石相结合的古老建筑物。在迭部一带，榻板房大致分四种类型。第一种是纯粹的榻板房，这种古建筑很少用土石，全为木构造，一般建筑在平缓的山坡上或以临近的山崖、土坝为天然防护墙。第二种是土、木、石相间。首先筑一座四面严实，一面开门的"土庄廊"，然后在其中进行一、二层或单间、连间木

榻板房（迭部县农牧局/提供）

构造，此类建筑当地叫"土包房"，类似于内地四合院的风格。第三种是"内不见土，外不见木"的羌藏雕楼、雕房的风格。"坎楼型"建筑由于受地形限制，坎下是用石砌成的"庄廊"，一般建牛、马畜圈及贮仓，坎上才修筑住人的房屋。远远望去，像是一幢二层楼。第四种既不像雕房羌楼那样严密，也不同于"坎楼型"建筑那样层次分明，而是在凹凸不平的地面上顺地势就地形展开。一般说来，上迭及高山地区榻板房占的比重较大，中迭以及沟谷地带雕房羌楼占的比重大，下迭以及半山腰间坎楼型的建筑物居多。一般的村寨大约有四五十户人家，这些人家的榻板房组成了迭部藏乡一道美丽的风景。

盖房的程序首先是请人（现在大都是寺院的僧人）择日破土动工，平整地平，夯筑"土庄廊"。这些"土庄廊"是榻板房的护墙，大都不承重。其次是进行房内一、二层木构造（不用护墙的直接进行木构造），立柱、上梁、搭榻板后才能进行内装修（榻板也就是木瓦，搭在人字脊左右两边）。榻板房最外围的柱子之间全用木板卯榫连接而成墙壁，其余各柱之间（即隔断）根据需要用木板卯榫连接。与其他建筑物不同的是，房内所摆设的家具，完全以框架结构镶嵌在壁间或壁外，固定而不可移动，如面柜、佛龛、各种壁柜、炕、凳子等大都有固定位置。这使得建筑完工的时间相对拉长。还有一点，它没有单独的厨房，厨房设在正房里，与寝室相连。正房内大都摆设着上有镂刻、花纹细腻、图案精美、不易生锈、常被擦拭得熠熠生辉、颇显古朴浑厚的大铜锅、铜罐、铜壶、铜火盒、铜脸盆、铜酒壶、铜经轮等民族专用品。有的正房中央设一火塘。天窗既是透亮的，也可用于抽油烟。另外，大部分榻板房外部都建有一"年都"，即防火的储藏室。"年都"屋顶一般有个小天窗，有一个洞口与榻板房相连。平日小天窗开着，有利于透光、透气，使储藏室的物品不发生潮变等。一旦发生火灾马上盖住小天窗，堵住洞口，使空气不流动，以达到防火的目的。

正房（包括相连的年都）之外，院内院外还有用粗木搭成的牛、马棚圈。房前屋后、房上房下摆设着纺织麻布、褐子的纺车，织花带的木制器械，还有小石磨、木杈、木耙、木犁、连枷、木锨、木碗、木桶、木勺、糌粑匣、木托盘等生产生活用具以及自己编制的筛子、筐篮、背笼、簸箕等。

盖房子对当地居民来讲是生活中最大的一件事。因此，一户人家修一幢新房，大都依靠家族或邻居帮助，有钱的出钱，有力的出力，有物的出物。一幢榻板房最起码也要供三四代人居住。

寺院建筑与民居建筑形式有所区别，但也大都是以木石为建筑材料。房子盖好以后，大都要设宴庆贺一番。这一天，不论是上、中、下迭，村上都要举行庆典。以往，村上的人都会提上用杠杆原理制成的土轧油机轧出的清油，用水磨磨成的炒面，还有用土织布法织出的布、锦带等生活生产用品前去恭贺，盖房者则将新打出的酥油、腌制成的腊肉、酿成的青稞酒等拿出来，还有用白蕨菜、狼肚菌、乌龙头、野羊肉、野鹿肉等招待客人的。不论是道喜的客人，还是建房的主人都要穿上节日盛装。

就这样，一幢幢户户相连、家家紧靠的榻板房建筑群落在迭山白水间悄然崛起。不知经过了多少代，这些看上去十分相似的土木建筑，既有"石城"的粗犷豪迈，又有木质的温柔深情；既有山林的秀色，又有流水的婉约，既有天空般博大的胸怀，又有雄鹰般翘角的飞檐。它是哲人的思考、诗人的诗句、小说家的节章、建筑师的妙想、画家的丹青妙笔、音乐家的音符，是民族智慧的结晶。如今，现代文明已悄然进入了琉璃瓦、钢筋和水泥的世界，而类似榻板房这样昔日的辉煌建筑文化已逐渐成为了一首首流淌在年轮里的诗！

5. 婚娶习俗

（1）明媒正娶

即采用传统的结婚方式，举行公开而较隆重的结婚仪式。这种传统的婚嫁习俗主要通过以下几个程序完成。

选偶：在寻找或物色对象时，男女双方家庭都需要相互选择，包括对男女青年本人的选择和对其家庭的选择。

求婚：一般由男方家请自家亲友或一位熟悉女方父母的人做媒人，携带一条哈达和一罐青稞酒到女方家正式求婚。

订婚：男家接到女家愿意作亲的信号后，积极准备择定吉日举行订婚议式——喝大酒。

婚礼：婚礼一般都在农历正月初三或初五、七、十一、十五等日举行，也有选定其他吉日结婚的。

传统婚俗中也有青年男女自由恋爱、自己作主的婚姻，即自由婚姻。

（2）离婚：传统的离婚处理办法

夫妻双方都提出离婚，程序较简单，双方向本"措哇"和主要亲戚口头提出离婚要求，第一、二次一般被劝阻和说服不能离婚。

如果男方提出离婚，女方不同意，而且又有孩子时，分几种情况处理：经"措哇"亲友劝阻无效，就给女方分房产、田地各一半；如果女方还年轻，离婚后想改嫁，子女留给其父抚养，男孩长大后自己选择当和尚还是当农民，若当农民娶妻后与其父各分家产一半；女孩子不论跟父或跟母，长大后均无家产继承权。

（3）丧葬习俗

迭部藏族的丧葬习俗各地基本相同，都实行火葬。只是在装尸方法，出殡时间等方面，上、下迭各有不同。出殡时，一般都请活佛卜算时日。服考期一般为三年。从死者离世之日起家属子女们除逢七念经、供灯外，七七内男不剃头，也不梳头。

6. 饮食习俗

（1）主食

主要以小麦、青稞、玉米、蚕豆、马铃薯为主，豌豆、荞麦为辅。食用方法主要有以下几种：

糌粑：将青稞炒熟，磨成炒面，藏族称糌粑。

馍：将白面或玉米面、荞面通过烧烤、蒸、烙炸等办法做成圆饼、馒头或薄饼。

面条：全县各地都普遍擀成薄片，切成条条或长方块，待先下锅的马铃薯块煮熟后下面，并调入酸菜、葱花等调味品食用。

搅团：多用玉米面、豆面或荞面做原料，即一手把适量的面粉缓缓撒进煮沸的锅内，一手用筷子或擀面杖不停地搅动，煮成稠粥。

（2）副食和菜肴

新中国成立前，迭部境内以蔬菜作副食的比例很小。人们很少种菜，也很少炒菜。

（3）肉食

以前多以猪肉为主，牛、羊肉为辅。烤猪肉是县境中西部农牧民群众的传统肉食习惯。

（4）饮料

传统饮料主要有茶、奶茶和青稞酒。这种相传悠久的饮食习惯，经久不衰，沿袭至今。

迭部民间舞蹈

每逢佳节喜庆之日，热心于歌舞表演的男女老少身穿民族新装，成群聚会，载歌载舞。迭部县内的民间舞蹈从东到西有以下几种：

嘉热舞。嘉热舞流行于迭部县东洛大、腊子、桑坝一带。参加者主要以本村妇女为主，人数从五六人到数十人不等。一般在节日演出，地点在麦场或院落。嘉热舞的基本形态就是大家手拉手转圈，载歌载舞。表演时，一行妇女手拉手围成一个圆圈，一人手持一串马铃站在排头，先领唱一句，众人附和一句。嘉热舞当属原始舞蹈的遗留。1973年在青海大通县孙家寨古墓葬中出土的纹彩陶盆内壁上所绘的舞者，五人一组，携手并肩，腰下肥大，似着大裤裆。头侧有发辫似头饰，衣着下侧有尖状尾饰，与洛大一带的嘉热舞极为相似。

跺迪舞。跺迪舞与嘉热舞一样，也是在年末岁首或隆重节日跳的一种舞蹈。与嘉热舞不同的是，跺迪舞男性也可参加，其动作有新变化。通常是，妇女在里面站一圈，男子在外面站一圈。一老年妇女在前持铜铃带头领唱，众人跟随其后应和。这种舞姿动感强，场面较为活泼。男性表演幅度大，奔放粗犷；妇女则踏实平稳，柔中带刚。跺迪舞有十多种，有赖萨跺迪、格班跺迪、贡边跺迪、萨热跺迪、朱玛跺迪、玛谐跺迪、美拉跺迪等。下迭一带的嘉热舞与跺迪舞现已很难区别彼此了。

摆阵舞。摆阵舞是流行于下迭一带的民间歌舞，即由全村老少集体表演、歌唱的一种舞蹈，大都在寺院庆典活动和传统节日期间举行。表演时，全村男女老少都穿新装、佩饰物，集合到村中麦场周围空闲地。这时每家都要有人参加，即使在外工作的男女都要回家。不能参加表演的人可做些服务之事。邻近村子的人也来观看或参与。

法舞。法舞是各佛教寺院所跳的一种尊神行法的团体神舞。其宗旨是尊神显威、驱邪镇恶、祈福禳灾、劝人行善、布施信教。一般在正月十五和五月十五法会期间或较大佛事活动之日进行。表演者身着古戏装，头戴神像面具，足蹬高腰藏靴，其规模及参演人数都有比较严格的规定，一般定员55人，其中僧乐队9人。古老的装束、古怪的面具和奇异的音乐，营造森严、神圣的宗教氛围。

尕巴舞。尕巴舞是在旺藏、尼傲、卡坝部分村庄流行的一种原始舞蹈，一般在农历十月中旬至十一月上旬农活干完后举行。在跳尕巴舞之前，首先由几位老人分别来到村上各家祝福。晚上，男人们相聚在一家院中，在老人指导下练唱尕巴曲，练习尕巴舞动作。妇女在家中蒸馍煮酒，准备饭食。学练尕巴舞时，并非固定一处，而是轮流到各家边吃边唱边练习。

锅庄舞。锅庄，藏语为"团圆"，是流传在藏族地区的一种古老歌舞，在甘南地区广泛流行。锅庄是一种欢乐吉祥的群体舞蹈。每逢重大节日、喜庆欢乐之时，人们就会跳起锅庄。它的表演形式是男女围成圆圈，歌舞同时进行，女的动作小而含蓄，男的动作大而豪放。锅庄的内容多以歌颂生活、祝福吉祥为主，舞曲以赞颂开场，以祝福收尾。表演形式比较灵活，在草地、场院、舞台等均可进行。人员可多可少，几人、数十人、上百人甚至上千人均可参与。近年来，随着旅游产业的发展，在每年举行的大型旅游节庆活动中，千人锅庄舞表演是重头戏和亮点，吸引了大批旅游观光者。

知识技术完备的农林牧复合系统

四

甘肃迭部扎尕那农林牧复合系统

（一）

轮作休耕

　　迭部地区气候高寒阴湿，土壤相对贫瘠，农田实施轮作休耕制，以保持土壤肥力。轮作方式有青稞—马铃薯—蚕豆，春小麦—油菜—蚕豆等。这种方法不仅能使土壤因不同作物轮换而保持活力、不至板结，还能使农作物相互吸收利用对方有利资源。此外，通过轮作改种其他作物还可以起到减轻作物发病的作用。实行轮作休耕制，即第一年种青稞，第二年种马铃薯，第三年种蚕豆，第四年休耕。休耕的主要形式有耕三（年）休一或耕二休一制。农田休耕的一年中，要深翻两次，以防生荒草，使土壤疏松，从而更好地吸取水分与阳光。

轮作休耕（刘某承/提供）

（二）
堆肥施肥

　　所谓堆肥是一种有机肥料，是在人为控制的条件下，利用各种植物凋落物、垃圾、污泥等废弃物，混合人畜排泄物后按照一定的比例进行混合堆积而成的。其原理主要是，利用微生物将植物凋落物等废弃物进行矿质化和腐殖化，使之转化为可溶性的养分和腐殖质。同时，堆积时一般能产生60～70℃的高温环境，能够有效杀害原材料中的病菌、虫卵等，实现肥料无害化的自然处理。我国农民在数千年的农耕历史中所使用的肥料，大多是以人畜的排泄物和植物残体所做的堆肥。

　　扎尕那地区全年积肥。夏秋季沤土肥、绿肥，利用森林凋落物、草木灰、人粪尿积肥以及家畜粪尿和垫圈材料、饲料残茬混合堆积并经微生物作用制成厩肥。所有农田都使用农家肥。充分利用农家肥具有养分全面、肥效持久稳定的优点。

堆肥（迭部县农牧局/提供）

（三）
神山禁忌

　　对神山的禁忌源于对神山的敬畏。在神山上和神山附近方圆数千米的范围内禁止挖掘矿藏、打猎；禁止砍伐树木、采集花草；禁止将神山上的任何东西带回家；禁止捕获猎杀献给神山的（放生）牛、羊、鸡等动物生灵；禁止在神山煨桑时胡乱拨弄，也不能用煨桑的柏树枝点火吸烟。所有这些禁忌使神山的一切都处于自发而自然的保护之中。一旦违反了这些禁忌，不仅要受到山神的惩罚，还将成为禁忌者，即意味着自己将远离人群，人们会鄙视他、远离他，拒绝和他接触。在古代生产力低下的部落时代，意味着判了禁忌者死刑。过去，因为藏族聚居区严酷的生存环境，一个人失去了和众人接触的资格，就几乎没有独立生活的可能。

　　在藏族聚居区，形成神山禁忌的另一个原因是"灵魂朝拜"。藏族人认为，人的灵魂是与肉体相对应的精神实体，它可以离开肉体四处游荡。灵魂是生命之本，只要灵魂不受伤害，人便安然无事。灵魂长安于大自然中，它特别是寄于山、湖这类坚固、圣洁而不易受损的自然物种。人们更愿意将灵魂寄托在某一座高山之上，因此，灵魂的寄托之地便成为生活的禁区。

当地藏族人的"灵魂朝拜"（刘某承/提供）

1. 帐房

在牧区的帐房中，以灶台为界，男左女右落座，不得随意改变。在帐圈内正中佛龛前的柱子上只能悬挂佛念珠、护身佛盒、煨桑香料袋等精神物品，不得悬挂其他物品。帐圈内，妇女打出酥油后，必须先往帐房中间的柱头上抹一点，恭请神灵尽先享用。就餐时，人们端起酒碗，必须以无名指蘸酒，对着神灵方位弹洒三下，以示首先敬献给佛、法、僧三宝。在帐圈内睡觉时，夜间忌敞开门，怕夜游鬼进帐。

2. 民居

在农区的板房民居中，靠灶台旁装有板壁的上方座位为家中男性长辈或老人的专座，其他人不能随意坐在这个位置上。在婚丧嫁娶或乔迁庆典时，前来做客的舅舅必须安排在堂屋的炕上就座，其他男性客人按年龄大小在堂屋上方的地板上依次坐开，妇女要坐在堂屋地板上。平常其他节庆日，家中来客不必遵守这些规矩，但妇女一般不上炕就座。当家中没有爷爷、父辈等男性长辈时，长子可以坐在灶台旁边壁前的上方座位，家中女性成员年龄再大也不能随意坐在这个位置。堂屋上方嵌在板壁中间的立

民居内景（迭部县农牧局/提供）

柱上挂枪支、子弹带、宝剑等物品；中间独立的立柱上悬挂龙套、赶马鞭子等；堂屋下方的低柜上摆放背水桶、挤奶桶等容器。忌各种物品无规律乱摆乱放；忌坐炕时两腿直伸，也不能跪在炕上或蹲在炕上；忌坐在被子上；公公坐在炕上，儿媳妇就不能坐炕；哥哥坐在炕上，弟媳妇就不能做炕；忌给客人在有破损的碗里倒茶或盛饭菜；忌在客人面前打骂孩子。

3. 寺庙

在寺院举行大法会、跳神、晒佛活动或平常进行进寺朝拜磕头时忌戴帽子和眼镜；忌佩戴刀、枪等武器；忌吹口哨、抚摸佛像、翻阅经书、

寺院举行大法会（迭部县农牧局/提供）

敲打钟鼓等；忌用手指头指向佛像评头品足或掀揭佛像上的哈达；在寺庙集会或与僧人交往中忌谈女人；除大年初一凌晨到寺院经堂供灯朝拜外，平日妇女不得进入经堂，要有意避开僧人；在寺庙附近忌砍树木、采集花草、打猎杀生或吵闹、酗酒、打架。到寺庙敬香供灯时，切忌在酥油灯上点火吸烟。

4. 命灯

藏传佛教徒认为，命灯即附在人身双肩的保护神（灵光），男左女右，人人都有。如果神离开这身体，恶魔或病魔就会乘虚而入，因此人人都要时时保持双肩的洁净，尤其男人的右肩不能受到玷污。在日常生活中或集会时，最忌他人随意拍自己的肩头，忌抚摸他人挂在胸前的护身盒或佛念珠。

5. 禁忌

当地人有数字、饮食、骑乘、背水、坐卧、语言以及忌门等诸多禁忌事项。

数字：崇尚"三"，敬酒时不敬双杯敬三杯；碰杯三次，每次三杯，以示尊重；新做的衣服，忌双日穿试。

饮食：忌食奇蹄类牲畜（马、驴、骡子等）、有爪子的动物（狗、鸡等）和补食鱼类等水生动物；碗筷专人专用，忌随意乱用；忌用碗舀水；做客时，忌将吃剩的蕨麻米饭留给主人；忌从末端开始吃猪肉条。

乘骑：一般，乘骑途经寺院或村庄都要下马步行；遇师长、活佛、高僧要下马致礼。

背水：背水的妇女从家门出来如看见客人离村或村人出门，背着空桶，认为不吉利，因此要躲起来或象征性地走开一点，不和行人正面相遇；如水桶已装满，往回走时就不必顾忌。

坐卧：忌在室内当着他人面放屁、吐痰、大声呼叫、吹口哨等；别人就座时，忌从面前走过，如要走，必须弯腰收起衣袖衣角，道一声歉后悄悄走过；忌在别人面前打屁股上的灰土；忌坐在经书或有文字的纸或布上；忌把腿伸向佛龛或老人；忌大年三十在别人家留宿。

语言：早晨与人见面忌谈鬼、死人；逢年过节忌说不吉利的话；与人交谈时忌提家中亡故亲人的名字，也忌追问对方父母的名字。

忌门：家中有病人或妇女生育时，门口插柏树枝，上结一红布条，忌外人随意入内，尤其是晚上。如有远方来客或有要事需进门者，必须在大门口烧柏树枝熏身或主人舀来一碗净水向客人来的方向泼洒，以示祛邪，而后客人方可入内。

（四）农牧结合

整个藏区农业多呈现农牧结合的经济特色。农牧结合的经济已有悠久的历史，公元6世纪吐蕃时代，人们已在较低海拔地区开发这种经济模式。以后，由于外来移民的压力及外来文化的影响，人们曾在高海拔地区进行垦荒种植活动，半农半牧地区逐渐向西向北高寒地区扩展。但到海拔3 600米以上地区，种植业发展异常艰难，在高寒地区垦荒种植大多以失败告终。故藏区几千年来在东部低海拔地区一直维持着半农半牧的经济模式，而在西部、北部广大高寒地区则一直是畜牧业为主。直到20世纪80年代，藏南河谷地区19个农业县中，牧业产值占农业产值的33%，收入占整个收入的30%。在其他半农业半牧业的地区，牧业产值与收入要占70%。

农牧结合的经济是藏族人为适应高寒自然环境而采取的适宜策略。青藏高原是山的世界。高原农业地区仅占高原总面积的0.5%，农业田地分布在江河河谷或者山坡上，面积狭小；高原藏区山区海拔较高的山坡和山顶气候常年寒冷，只适宜牧草生长而不能种植；较低河谷滩地气候温暖、地势平坦，可进行小面积的种植业，农业呈现垂直分布状态。农业与畜牧业同时发展，既是对当地环境的适应，又能充分利用不同海拔高度的地理自然优势。顺其自然而动，是人类经济活动与自然环境相适应、相配合的体现。

农业与牧业的共同存在也是藏族人民生活的需要：①农牧结合可满足农民正常生活需要。农业提供了面粉、蔬菜等食品；牧业提供了奶、肉类食品，从而保证了高原寒冷地区人们的生活需要。②农牧结合在生产方面可相互补益。家畜可为农事提供畜力、肥料；种植业为家畜提供饲料。③农牧结合也是维护藏族传统生活方式与传统文化的基础。糌粑（青稞炒面）、茶与手抓羊肉，构成藏民族的主要饮食结构。不论是平民还是贵族，俗人还是僧人，农人还是牧民，这种饮食结构是共同的，而且千年来不加改变。藏族的传统文化——经济活动、生活方式、风俗习惯、礼仪行为、文学艺术、宗教活动也离不开糌粑、茶与手抓羊肉。农牧结合的经济活动是维持藏族传统的基础。

农牧结合（牛志恩/提供）

巴西电尕寺院的创始人——巴西饶巴尔活佛

巴西饶巴尔，迭部电尕人，藏族，生于宋末元初，是迭部县古刹巴西电尕寺院的创始人。巴西饶巴尔曾朝拜过萨迦派第五世宗八思巴，并以八思巴为师修习显密教法，在其座前聆听过许多经教传授，成为最受八思巴赏识的四大名僧之一，并作为随从人员陪侍八思巴进京觐见元帝。因其道行高妙，博得元世祖忽必烈的赏识，颁赐有大小象牙印章及写有皇帝名号的锦缎幡旗等诰封，以示嘉奖。之后，巴西饶巴尔奉八思巴谕旨回到家乡电尕地区弘法，于13世纪中叶（约1257年）在迭部电尕地区创建了迭部境内最早的藏传佛教萨迦派寺院巴西电尕寺。明末清初，巴西电尕寺改信格鲁派。此后，该寺历世巴西哇活佛均为他的转世化身。

五

未来之路：
握住世界的手

甘肃迭部扎尕那农林牧复合系统

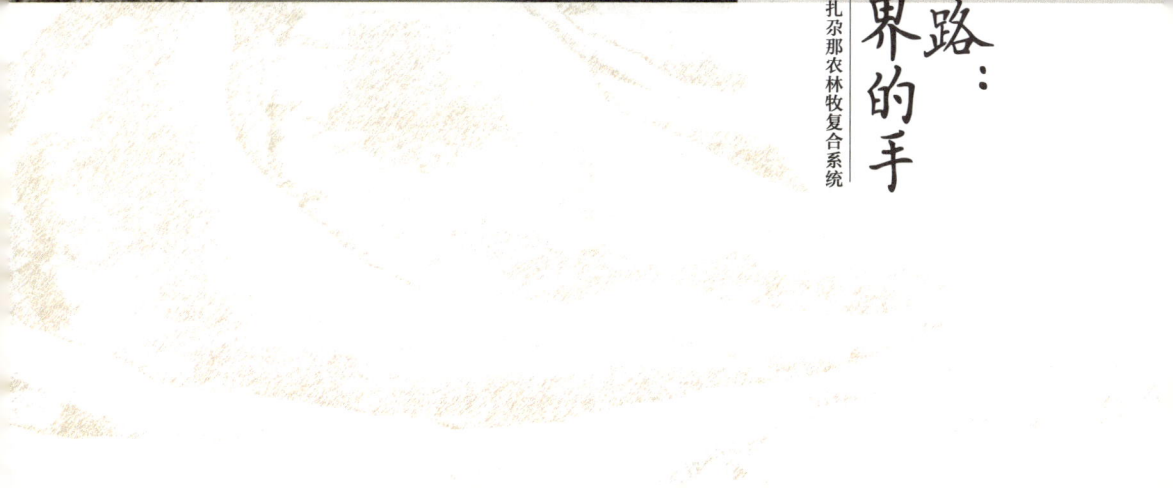

（一）
迭部"绿色长征"

1. 发起背景

绿色长征发起地石碑（迭部县农牧局/提供）

当今世界，人口、资源与环境的不协调发展，使生态与环境问题日益激化，如水土流失、荒漠化扩展、生物多样性消失、环境污染、气候变暖、臭氧层消失以及城市化带来的负面效应等。这些问题具有全球性的特点，也使人类文明面临着空前的考验。在危机四伏、困难重重的形势下，中国的崛起也遇到巨大的挑战。由于资源压力和环境成本日益增大，高速发展的中国正在面临"绿色突围"的迫切问题。

2007年，中共"十七大"提出建设生态文明、构建和谐社会的发展战略，这既是一个伟大的社会实践问题，又是一个重大的理论研究课题。生态文明建设需要各个相关学科的配合，尤其是自然科学与社会科学相结合，把生态科学、生态哲学和生态美学结合起来，完善生态伦理学，通过生态艺术和生态文化的普及宣传，树立生态信仰，形成全民自觉的生态意识，建立生态文明的基本框架。毫无疑问，这是一个异常艰巨且十分漫长的奋斗过程，是一次扭转乾坤的"生态学革命"和"绿色革命"。这需要我们转变观念，调整产业结构，转变发展方式，实现21世纪人类发展方向的"战略转移"，开始伟大的"绿色长征"。

扎尕那森林公园（迭部县农牧局／提供）

2. 发展历程

2009年，在腊子口战役纪念碑前，中国生态学学会与甘南藏族自治州州委、州政府共同主办了以"启动绿色长征、构建生态文明"为主题的首届"中国生态文明腊子口论坛",提出了"绿色长征"计划,共同发起"绿色长征"行动。与会专家一致认为,启动"绿色长征",对于建设生态文明,构建和谐社会,实现我国可持续发展具有极其重大的现实意义和深远的历史意义。中国生态学会和甘南州、迭部县合作发起的"绿色长征"行动获得了社会各界的强烈关注和热情鼓励,取得了很好的成就,造成了很好的影响。搭建的"中国生态文明论坛"为科技工作者和地方管理者就生态文明理论探索与实践经验交流提供了极好的平台。

第三届中国生态文明腊子口论坛(闵庆文/提供)

目前,"中国生态文明腊子口论坛"已经连续举办了七届。迭部县始终把生态保护和建设摆在首位,坚持按照"建设生态文明、推动绿色长征"的目标要求,大力推动绿色生态资源、红色旅游资源、藏民俗文化资源等优势特色资源的开发利用,使生态旅游和生态建设取得了显著成效。

从2009年开始,迭部县先后组织实施了荒山造林、退耕还林、退牧(粮)还草、野生动物保护等一批生态项目。2010年,迭部县被国家能源局、财政部和农业部列入了全国首批绿色能源示范县;白龙江·腊子口水利风景区被水利部评为国家级水利风景区;腊子口、扎尕那等十多个景区景点先后被评为2A级以上景区;腊子口被评为甘肃"十大王牌景区"，被批准为国家级森林公园；扎尕那被批准为省级森林公园和省级地质公园。同时，全县筛选了50个村民小组进行生态文明试点建设，小流域水土流失治理工作初见成效。

腊子口参观（牛志恩/提供）

3. 现实意义

红军长征是人类历史上的伟大奇迹。长征铸就了党魂、军魂和国魂，树立了中国共产党的光辉形象，彰显了中华民族不屈不挠的大无畏精神。将"长征"这一中国革命的特定名词在新时期赋予新内涵所发起的"绿色长征"，必将为促进我国生态文明建设和可持续发展起到积极的推动作用。

腊子口所在地——迭部县位于青藏高原的东北边缘，属于岷迭高山峡谷区。在岷山与迭山之间，白龙江奔流而下，地势险要，生态良好，风景优美，气候适宜，具有极其丰富的野生动植物和奇特的地质景观等资源，民族、宗教、历史文化交汇融合，具有典型的生物多样性和文化多样性，为建设生态文明示范县提供了有利条件。"绿色长征"从这里开始，必将推动全国的生态文明建设。

腊子口是长征最后的险关，是中国革命的重大转折点。腊子口是红军反败为胜、以少胜多、不断走向胜利的象征，是长征精神的重要载体和不朽丰碑，是一个彪炳史册、名扬天下的红色圣地。在腊子口正式启动"绿色长征"，发布《绿色长征宣言》，具有极其重要而特殊的象征意义。它既意味着"绿色长征"的艰巨性、复杂性和长期性，又昭示着"绿色长征"必将从胜利走向胜利，"绿色长征"必将完成伟大的历史使命。

"绿色长征"与"红色长征"一脉相承，它是"红色长征"的延续和发展。"红色长征"转折点腊子口，今天又成为"绿色长征"的起步点，这是一种历史的巧合和必然，也是时代的强烈呼唤，它承载了我们为生态文明奋斗的决心、勇气、信念和理想。

迭部县腊子口一线天（迭部县农牧局/提供）

从朱立沟到哈达铺

朱立沟是腊子口的一道天然画廊。"朱立"意为"李子之乡"，因生长着茂密的野生李子树而得名。沿着这条沟便可到达宕昌县哈达铺镇。1935年9月17日，红军在攻破腊子口后，还在朱立沟前与敌人进行了另外一场战斗。当时这里除了敌军指挥部之外，还有敌人的弹药库。从腊子口左侧一条无名沟里迂回到腊子口左侧山脊上的红军两个连，就是从朱立沟对面陡峭的山崖上俯冲下来，与沟口敌人进行了两个多小时的激战，消灭了残敌，为大部队打开通道。之后红军主力进入朱立沟，翻山到达哈达铺。

（二）
面临的威胁与挑战

1. 面临的威胁

（1）生态环境脆弱

迭部林区是甘肃省重点原始天然林区。自20世纪50年代末期成立迭部林业局开展天然林资源采伐以来，该林区共为国家支援了2 300多万立方米、价值100多亿元的优质木材。但长期的超量采伐，使迭部的生态环境遭到破坏，森林资源减少，大大降低了森林的水源涵养和水土保持能力。根据全县土地利用现状调查，2008年年底全县水土流失面积1706.14平方千米，已达全县总面积的三分之一。水土流失不仅使迭部县失去了宝贵的土地资源，而且泥石流、滑坡等灾害还冲毁村舍、道路、水电、田地等。由于大气候的影响，资源的不当利用和过度消耗，

脆弱的生态环境（刘某承/提供）

季节性气候反常，旱灾、涝灾、冰雹、病虫害等灾害频繁发生，林区居民遭受了巨大损失。

（2）文化教育落后

天然的地理屏障和交通限制，加之语言文化差异，扎尕那地区长期处于相对封闭状态，文化教育水平和科学技术普及程度相对落后。

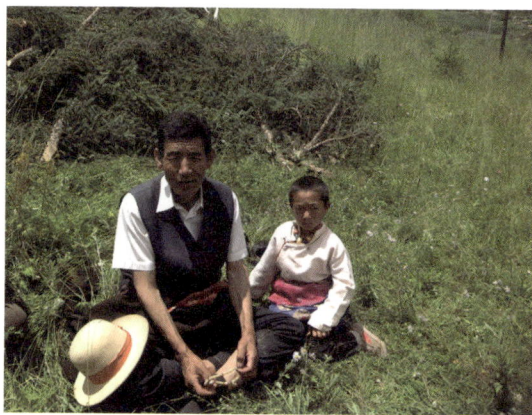

教育资源的缺失（刘某承/提供）

虽然近年来开展了农民技术培训和技术推广，农民的科技水平有所提高，但由于受到农民自身文化水平的影响和外出务工的冲击，留守从事农业生产的多是老人和妇女，致使掌握使用新技术的水平仍较差。

（3）优秀人才缺乏

由于扎尕那地区经济社会发展滞后、生活水平低，人才大量外流。现有的教育、卫生和农林牧专业技术人员中，专业技术人才分布不均，专业结构和行业结构、学历结构和职称结构不合理，人才管理体制不健全，整体受教育程度偏低，这使得管理团队和农牧民知识结构得不到更新。管理团队大部分人员年龄偏大、知识陈旧、工作能力弱化，对该地区经济社会发展的贡献率逐年降低。

（4）基础条件薄弱

扎尕那地区虽然处于甘川两省交界处，但现有交通条件极为不便，道路等级低、远离铁路、不通航运、远离客源大市场。受恶劣自然条件和偏远区位的影响，遗产地面临交通不便、灌溉条件落后和信息不灵通等诸多问题，严重影响着遗产地农林牧复合系统的保护与相关产业的发展。同时，基础交通和接待保障存在的问题还制约着旅游业的发展，旅游开发存在单一性和承载力低的问题。

民居基础条件较为薄弱（刘某承/提供）

2. 挑战

（1）全球气候变化导致生态系统退化

研究表明，迭部气候变化趋势为年平均气温持续升高，降水总体减少。一方面，由于年降水量的减少，加之时空分布不均，导致干旱对农

143

业的影响逐渐加大。特别是20世纪90年代以来，大范围春旱、夏旱频繁发生。另一方面，由于水分是牧草生长发育的主要限制因子，温度的升高对牧草的正作用并不明显，但会加剧蒸发，使土壤变干，加重了牧草需水。加之年降水量的减少和人为因素，草场退化和沙化、草场产草数量和质量下降、劣等牧草的比例越来越高，草场生产力进一步下降，直接威胁畜牧业的可持续发展。

（2）协调环境保护与经济发展之间的平衡

受地质条件、气候等因素的影响，扎尕那农林牧复合系统所在地区生态环境脆弱。该地区地处高山峡谷区，易引发地震、泥石流、边坡失衡等地质灾害。此外，迭部县众多小水电的开发对峡谷景观和生态影响较大。扎尕那地区在招商引资和发展经济的过程中，如何协调生态环境保护与经济社会发展成为最关键的问题。

（3）协调旅游开发与乡土文化保护之间的平衡

随着旅游的开发，外来文化将对扎尕那地区乡土文化产生巨大的影响。如何传承本土文化、吸收外来优秀文化是扎尕那农林牧复合系统保护面临的重大问题。

（三）
发展的机遇

1. 全球重要农业文化遗产及中国重要农业文化遗产保护的兴起

自2002年联合国粮农组织（FAO）发起了全球重要农业文化遗产（GIAHS）保护项目以来，农业文化遗产的多功能价值以及GIAHS品牌已经得到国际社会的广泛认可，不少国家都积极参与农业文化遗产的保护与适度利用，这也为中国GIAHS相关产品开拓国际市场、吸引国际投资提供了重要机遇。

目前，农业文化遗产的保护与发展也已得到国内各界的广泛认识和积极参与。特别是2012年农业部开展中国重要农业文化遗产（China-NIAHS）发掘工作，为中国珍贵农业文化遗产的保护与发展提供了宝贵机遇和广阔平台。目前，迭部县扎尕那农林牧复合系统已进入首批中国重要农业文化遗产目录，这必将对农林牧复合系统的保护和利用乃至迭部县的农业发展带来积极且深远的影响。

2. 国家民族地区的扶持政策

近年来，国家进一步加大对藏区的支持力度，特别是对西藏以外藏区的政策倾斜。中央第五次西藏工作会议和《国务院关于支持青海等省藏区经济社会发展的若干意见》指出，要重点加强基础设施建设的投入力度，加强生态环境的建设和保护，积极扶持发展特色优势产业。位于青藏高原和黄土高原结合部的迭部县，是黄河上游重要的生态屏障，在维护黄河流域水资源和生态安全方面具有不可替代的作用。扎尕那地区应当加强植被保护，大力发展低碳优势产业。

生态环境的建设和保护（刘某承/提供）

3. 食品安全受到空前关注

迭部县空气新鲜、水质好、工业污染极轻，发展绿色和有机农牧业产品具有得天独厚的条件。通过生态青稞产业、生态草产业、生态畜禽养殖、藏药产业、食用菌产业等一系列发挥生态优势的产业发展，迭部县生态农牧业产品的市场潜力和增值空间越来越大。

迭部土蜂蜜（迭部县农牧局/提供）

4. 地方政府的有力支持

2009年年底国务院正式批复《甘肃省循环经济总体规划》，这是我国第一个由国家批复的区域循环经济发展规划。规划提出，着

构建农林牧复合系统（刘某承/提供）

力打造16个产业链条，重点培育100户骨干企业，积极改造提升36个省级以上开发区。迭部作为发展生态农牧业循环经济基地，在打造畜牧业产品—特色种植产品—特色农牧副产品—农牧业废弃物利用的循环经济产业链、中药材产业链、绿色食品产业链、有机能源和肥料产业链等方面都有极大潜力，应该依靠独特的资源优势，根据甘肃省循环经济发展方向，积极纳入到全省循环经济产业结构中。

题甘肃迭部扎尕那农林牧复合系统联

崔会格

农林牧循环复合
天地人平等和谐

题甘肃迭部扎尕那农林牧复合系统联

袁桂荣

天然岩壁筑城石匣中
紫气岚光洒遍益哇乡

题甘肃迭部扎尕那农林牧复合系统联

赵骏

居地域之优，农林牧展开生态卷
押文明之韵，藏汉民吟诵自然诗

题甘肃迭部扎尕那农林牧复合系统联

宗宝光

农林牧共营，区位承生态循环，共图发展
青陇川交汇，文化赖资源互补，续谱文明

（四）

保护与发展的策略

1. 保护与发展的目标

依据FAO和农业部提出的全球重要农业文化遗产与中国重要农业文化遗产的动态保护和适应性管理的理念，用10年左右的时间将扎尕那农林牧复合系统建设成农林牧复合系统及汉藏农业文化的保护示范基地、生态农牧业循环经济产业的基地以及农林牧复合系统及汉藏农业文化的科研基地。

以农林牧复合系统传统生产方式和文化传承的动态保护和生态农牧业循环经济产业发展，打造畜牧业产品—特色种植产品—特色农牧副产品—农牧业废弃物利用的循环经济产业链，切实带动区域农民增收、环境优化、生物多样性的维持、传统文化和经典技术的传承与发展；增强地方政府对农业文化遗产的管理能力，生态农牧业产品的开发能力，社区参与管理的能力；提高区域内公民的文化自觉。

2. 保护与发展的原则

（1）保护优先、适度利用

迭部县扎尕那农林牧复合系统的保护与发展着眼于农林牧复合系统传统生产方式和文化传承的动态保护和生态农牧业循环经济产业的可持续发展。其中，农林牧复合系统传统生产方式和文化传承的保护是其之所以成为农业文化遗产的根本、依托与具体表现；生态农牧业循环经济产业的可持续发展是有效促进保护的必要措施，也是保护传统农林牧复合系统的目的之一。保护是为了更好的发展，发展是积极的保护。因此，保护是第一位的，但发展也是不可或缺的。在社会经济快速发展的今天，遗产地因为相对落后有迫切发展的诉求是非常正常的，关键是寻找保护与发展的"平衡点"以及探索后发条件下的可持续发展道路。

（2）整体保护、协调发展

迭部县扎尕那农林牧复合系统是森林、草地、农地与当地世居农户在长期的历史进程中融汇高寒贫瘠的自然条件、与世隔绝的地理格局与藏汉文化的生态—文化复合体，不仅包括农业生产本身，还包括与之相关的生产技术、传统知识、整体景观、文化风俗、历史记忆等，是一个复杂的自然—社会—经济符合系统。因此，农林牧复合系统的保护是以传统生产方式和文化传承的整体保护；其发展也是系统各组分之间的协调发展，不是罔顾生态环境、文化传承、整体景观的单纯的经济开发和增长。

扎尕那的自然景观（刘某承/提供）

（3）动态保护、功能拓展

迭部县扎尕那农林牧复合系统是千百年来当地群众适应青藏高原特殊生态环境不断演化而形成的，对其保护也不是简单的保存。农业文化遗产强调的是"动态保护"与"适应性管理"，既反对缺乏规划与控制的"破坏性开发"，也反对僵化不变的"冷冻式保存"。

迭部县扎尕那农林牧复合系统是一个融汇自然环境、资源生态与藏汉文化的生态—文化复合体，其功能不仅表现在提供各类农林牧产品及其副产品，还具有重要的生态价值、文化价值和科研价值等。农业文化遗产强调的是在保持农业生物多样性和农业文化多样性基础上的功能拓展，以提高系统效益和适应能力。

（4）多方参与、惠益共享

迭部县扎尕那农林牧复合系统的保护与发展需要农牧民、企业、政府等社会各界的积极参与和勠力支持。同时，规划的保护措施、发展措施、保障措施以及能力建设措施都需要依靠社会各界来执行和实施。因此，迭部县扎尕那农林牧复合系统的保护与发展的成果应当由这些主体共享。农业文化遗产强调的是社会各界的支持以及建立惠益共享机制，以提高参与保护的积极性和发展利益分配的公平性。

（五）
传承与可持续发展途径

1. 生态环境保护

（1）保护目标

通过林农间作、林下立体种养的恢复以及无公害农牧产品生产基地建设，减少化肥农药的使用，减少资源破坏和过度开发，保持和恢复生物多样性。

环境保护目标：遗产地达到无公害产品生产标准；保护区达到绿色食品生产标准；生态农牧业循环经济产业基地达到有机产品生产标准；

生态保护目标：遗产地植被覆盖率达到70%以上，水土流失率达到20%以下；保护区植被覆盖率达到85%以上，水土流失率达到15%以下。

（2）保护内容

生态环境保护的主要内容包括红森林生态系统、草地生态系统、生物多样性、水体环境等。

羊肚菌（迭部县农牧局/提供）

黑木耳（迭部县农牧局/提供）

花椒（迭部县农牧局/提供）

蕨菜（迭部县农牧局/提供）

2. 农业资源及农业文化保护

（1）保护目标

通过相关调查和保护措施，保护特有农业种养殖资源，如藏青稞、蕨麻猪、特色藏中药材、特色野生花卉等，挖掘相关传统知识、传统技术及民俗文化，恢复和发扬其中优秀的思想内核和表现形式。

结合扎尕那森林公园建设，建立特有农业资源保护基地；通过各种形式的宣传及活动，使群众对农林牧复合系统农业文化遗产的认知率达到95%；通过对藏汉文化及相关知识和传统技术的普查及挖掘，申报2～3项非物质文化遗产；建设扎尕那农林牧复合系统农业文化遗产展览室（博物馆）。

（2）保护内容

古枣树、古枣园及枣文化保护的内容包括特有农业种养殖资源，传统文化及农业种养殖知识和技术，包括传统知识、传统技艺、乡规民约、民俗节庆、民间艺术等。

蕨麻猪（迭部县农牧局/提供）

乌龙头（迭部县农牧局/提供）

3. 景观保护

（1）保护目标

通过农林牧复合经营模式的恢复与推广及相关生态环境保护措施，恢复并保护农林牧垂直分布景观；结合新农村建设，治理农村环境，保护和恢复榻板房传统民居及传统村落。

通过农村环境卫生治理工程，使保护区农村环境卫生达到良好水平；通过传统民居恢复工程，达到百年以上榻板房100%保护和恢复，申报扎尕那传统村落。

（2）保护内容

景观保护的内容包括恢复农林牧垂直分布景观和传统农林牧复合经营景观，农村环境卫生治理以及保护与恢复百年以上榻板房。

4. 生态产品开发

（1）发展目标

分层次开发不同种类的生态农林牧产品及其副产品，有序开展生态标志产品基地建设，拓展延伸农林牧产品加工链条。建成生态农牧业有机产品建设基地1个，包括特色畜禽养殖基地1个和藏中药材种植基地1个；推广2～3个生态产品的名优品牌；建成农畜产品交易市场1个。

（2）发展内容

发展内容包括基地建设、生产加工、品牌打造、产品认证、产业延伸、市场开拓、与相关产业的融合等方面。

5. 可持续旅游发展

（1）发展目标

打造沿扎尕那农业文化遗产精品旅游线路，开发3～5个可供参与的旅游观赏和体验点，扶持5～10户农家乐的起步和发展；将扎尕那农业文化遗产旅游融入现有旅游规划和旅游线路。

（2）发展内容

发展内容包括景点与线路设计、接待设施、品牌打造、产品设计、市场营销、社区参与、与相关旅游资源的融合等。

打造特色旅游景观（迭部县农牧局/提供）

附录

甘肃迭部扎尕那农林牧复合系统

附录1　旅游资讯

1. 县情简介

迭部是一片红色的热土。1935年9月和1936年8月，中国工农红军先后两次途经迭部，召开了著名的"俄界会议"，攻克了长征最后的天险腊子口，留下了伟大的长征精神和光辉的红色文化。期间，迭部人民开仓放粮、修复栈道、医治伤员、当向导、做翻译，为红军北上抗日做出了不可磨灭的贡献，留下了著名的茨日那毛主席故居、"崔古仓"开仓放粮、腊子口战役等革命遗址，迭部因此被称为中国革命的重大转折地和长征路上的"加油站"。腊子口景区已列入"全国100个红色旅游景区"。

迭部旅游标志（迭部县农牧局/提供）

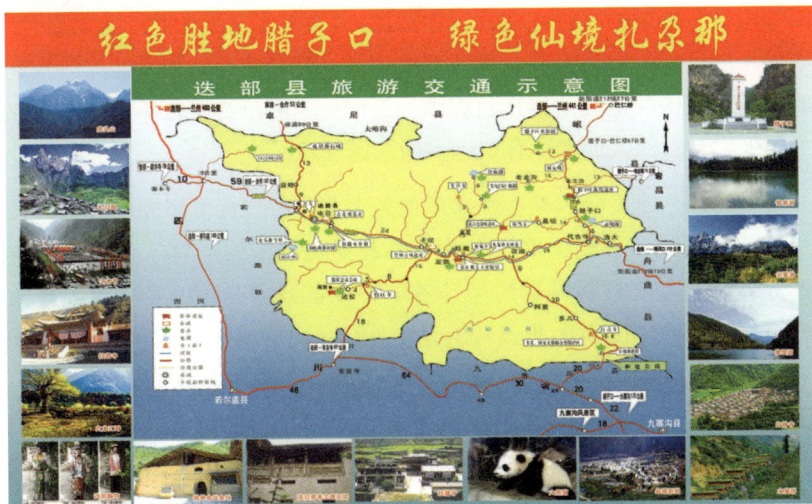

迭部旅游交通图（迭部县农牧局/提供）

迭部是一个绿色的王国。境内森林广袤，山川秀丽，冬无严寒，夏无酷暑，是最佳宜居之地。全境森林覆盖率达64%以上，植被覆盖率达到87%，拥有1 671种高等植物和大熊猫等183种野生珍稀动物以及130余种野生食用菌类和127种药用植物，是世界新种甘南杜鹃等数十种珍稀植物的基因库。1925年9月，美籍奥地利裔植物学家、人类学家、"纳

迭部县中心广场（牛志恩/提供）

西学之父"约瑟夫·洛克在日记中写道:"我平生未见如此绮丽的景色,如果《创世纪》的作者曾看见迭部的美景,将会把亚当和夏娃的诞生地放在这里。迭部这块地方让我震惊,迭部是一座植物的金矿,它将会成为热爱大自然的人们和所有观光者向往的胜地。"

迭部是一幅彩色的画卷。这里地处青藏高原与黄土高原结合部,长江、黄河水域分界线,藏汉文化、佛教文化交汇处,甘、川两省交界处,自然、人文景观异彩纷呈,各类文化富饶丰厚。以《中国地理杂志》评选的"中国十大非著名山峰"扎尕那山为代表的迭山绵延180千米,境内有10大景区108个景点,有"九寨沟的水,腊子口的山"之美誉,有"马家窑文化""齐家文化""寺洼文化"遗址。本教、格鲁派、萨迦派等23座藏传佛教寺院星罗棋布,形成了一道独特的宗教文化景观。这里是民歌的故乡、民俗的大观园,上、中、下迭原生态歌谣粗犷厚重,罗罗舞、尕巴舞、阿嘉舞热情奔放,民族服饰绚丽多彩却又各不相同,折射出迭山儿女对幸福生活的不懈追求和审美理念的独具一格;依山就势建造的古西戎两檐水榍板房,以其自然古朴、经久耐用的鲜明特征,跻身于世界文化遗产之列。2009年,在世界休闲旅游高层论坛上,荣获"最佳休闲旅游目的地"称号。

迭部是一块金色的宝石。水力、旅游、矿产、藏中药材、山野珍品形成了五大资源优势。奔腾澎湃的白龙江横贯全境120千米,水能蕴藏量80.74万千瓦,可开发利用65万千瓦,目前已开发建设及即将开发建设水电站35座,总装机容量达57.94万千瓦。雄奇壮美的迭山横亘全境180千米,恰似一条巨龙,蜿蜒起伏,跃跃欲腾;海拔4 920米的甘南第

迭部石峡(迭部县农牧局/提供)

一高峰措美峰，犹如擎天巨柱，直插云霄，一览众小；鬼斧神工的扎尕那，宛若炼狱之城，怪石林立，险象环生。得天独厚的地理位置和地貌特征，为发展旅游业孕育了巨大潜力，加之迭部南与著名的世界"双遗产"九寨沟和黄龙寺隔山相望，西与若尔盖大草原、天下黄河第一湾、郎木寺遥相呼应，东北与长征胜迹哈达铺唇齿相依，区位优势非常明显，旅游开发前景十分广阔。目前，在已建成的十大景区108个景点中，尤以腊子口、扎尕那、电尕景区、多儿景区最为经典，堪称"山水相映，妙趣天成"的自然杰作，留下了"到九寨看水，到迭部看山"的佳话。同时，迭部自然矿藏丰富，已发现的矿产有20余种，已探明储量的有13种，尤以亚洲储量第一的白云岩矿最为巨大。

迭部是一艘奋进的航船。近年来，在党中央的亲切关怀下，在省委、省政府和州委、州政府的坚强领导下，全县上下坚持以邓小平理论、"三个代表"重要思想和科学发展观为指导，以改革开放为动力、加快发展为主题、项目建设为主导，抢抓西部大开发和国家扶持少数民族地区发展的历史机遇，大力实施"生态立县、旅游强县、产业富县、文化兴县、民生惠县、稳定安县"六大战略，着力培育以水电、旅游为龙头的支柱产业，推动了县域经济的健康、协调、快速发展，全县呈现出民族团结、经济发展、社会进步、宗教和顺、城乡面貌日新月异、人民群众安居乐业的大好局面。

2. 扎尕那景区简介

扎尕那景区位于甘南州迭部县益哇乡境内，距县城28千米。雄居迭山山脉之间，平均海拔4 000米，拥山石风光，集石林、峭峰、森林、田园、寺庙及村寨为一体。2006年被甘肃省国土资源厅评为"省级地质公园"，2009年被《中国国家地理》杂志评为"中国十大非著名山峰"，2013年列入全国第一批农林牧复合系统。

扎尕那是迭山主脊光盖山南麓一处地形奇特的大自然杰作。扎尕那本意是"石箱子里"，实际是一座完整的石城，俗有"阎王殿"之称。地形像一座完整古城。石城北靠迭山石峰，四周秀峰环拱，苍松翠柏郁郁葱葱，把扎尕那4村1寺围在其中，形成自然与人工结合的田园风光。城内有森林、水、田，还有天然楼台亭阁。城内左上角有一进出城的北门，是由山石断裂形成的陡坡狭道，长百余米，宽仅数米。石峡两翼是斧劈刀削般垂直挺拔的岩壁，一流小溪急泻而下，声响如雷。此道亦是

扎尕那风情（杨海强/提供）

洮叠古道必经之险关。石城正南，是一石山对峙而成的宏大石门，从城内迭山发源的益哇河从中流过。石城门外是一条南北十里*的绿色长峡，恰似城外"长廊"。"长廊"南端高竖着两道数面米的对称岩壁，犹如两堵"门墩"对成一座宏伟的石门，称为"纳加石门"，俗称"鬼门关"，距扎尕那石城5千米，是扎尕那通往县城的必经之道。

为了使扎尕那景区旅游资源得到合理有序开发，2015年迭部县委、县政府委托四川旅游规划设计研究院编制了《扎尕那景区旅游发展总体规划》和《扎尕那景区重点区域修建性详细规划》。扎尕那景区旅游基础设施建设将依据规划全面展开。2015年已建成纳加石门、达日村两座观景台。近期总投资4 860万元的扎尕那旅游基础设施建设项目已开工建设，主要新建入口服务区游客服务中心、景区大门、停车场以及观景台、游步道、旅游厕所等基础设施。迭部县委、县政府计划力争用五年左右时间，将扎尕那景区打造成国家5A级旅游景区。

3. 茨日那毛泽东故居景点简介

1935年9月和1936年8月，中国工农红军长征先后两次途经迭部，留下

---

* "里"为非法定计量单位。1里=500米。——编者注

了俄界会议遗址、腊子口战役遗址、茨日那毛泽东旧居和崔古仓开仓放粮遗址等一串串红色印记以及迭部人民帮助红军、支援红军的历史佳话，迭部是中国革命的重大转折地和长征路上的"加油站"。2006年5月国务院将俄界会议遗址、腊子口战役遗址、茨日那毛泽东故居正式列入全国重点文物保护单位，2014年茨日那毛泽东旧居景区被评为国家3A级旅游景区。

次日那毛泽东故居（迭部县农牧局/提供）

茨日那毛泽东故居位于旺藏乡政府驻地东南侧茨日那村。俄界会议后，中央红军于9月13日到达旺藏乡。部队到达后，红一军团住在旺藏村，红三军团和军委纵队住在旺藏寺，毛主席住在茨日那村一幢木楼上。9月14日黄昏，毛主席把刚刚到达的红四团团长王开湘和政委杨成武叫到他住的小木楼里，并在这里向红四团下达了"以三天的行程夺取腊子口"的命令。9月15日拂晓毛主席离开了这座木屋，为能赶上红四团，决定改走捷径，带领参谋及警卫人员20人，从茨日那村前这座木架仙人桥上渡过白龙江，翻越4 000多米高的压浪尼巴和高日卡两座大山，向腊子口方向挺进。次日，红一军团途径崔古仓时，发现了一处贮有十多万千克粮食的杨土司粮仓。这批粮食及时接济了当时饥困的红军，红军将所征粮数和购粮钱数书写在仓板上，将钱币压放在仓内留给粮仓的主人。之后，毛主席到达桑坝乡唐尕村，并在唐尕村召开会议部署了攻打天险腊子口战役相关情况，此后到达腊子口乡的黑多村，并在那里指挥了腊子口战役。

毛主席在迭部大型雕塑（迭部县农牧局/提供）

4. 腊子口景区简介

腊子口景区位于甘南州迭部县东北部。"腊子口"由藏语"腊子库"演变而来，藏语意为"山脚谷"。腊子口景区地势西北高，东南低，平均海拔2 900米。山、水、湖、瀑自然奇景分布在牛路沟、美路沟、老龙沟、龙爪沟、久里才沟等景区内。景区内气候为半湿润区，冬无严寒，夏无酷暑，降水适中，是游客休闲、度假、探险的理想胜地。腊子口景区于2006年评为国家AAA级旅游景区，被列入全国100个经典红色旅游景区；腊子口战役遗址2006年被国务院列入全国文物重点保护单位；腊子口森林公园2003年评为国家森林公园；2012年迭部县白龙江腊子口水利风景区被水利部评为第十批国家水利风景区。

1935年9月，毛泽东、周恩来率领红一方面军到达腊子口时，甘肃军阀第十四师师长鲁大昌早已部署了三个团的兵力，重兵把守在天险要道，设置了两条防线：一条在隘口桥头和两侧山腰，都修筑了碉堡；另一条设在朱立沟沟口。当时红军左侧有卓尼杨土司上万骑兵，尚不知虚实，右侧有胡宗南主力，如不很快突破腊子口，就有被敌军三面合围的危险。9月14日，毛泽东立即向一方面军二师四团团长王开湘与政委杨成武面授了在三天之内夺取腊子口的命令。9月16日下午4时腊子口战役全面打响，经过一天一夜的激战，摧毁了敌军主要火力点，敌军全线溃败。17日凌晨，红军占领了天险腊子口，使国民党企图阻挡红军北上抗日的阴谋彻底破产。从此，天险腊子口成为中国革命史上举世闻名的革命胜迹，驰名中外。

腊子口景区旅游示意图（迭部县农牧局/提供）

腊子口景色（迭部县农牧局/提供）

迭部腊子口"红色旅游艺术节"开幕式（徐建勤/提供）

为了纪念在腊子口战役中光荣牺牲的革命先烈和该战役的辉煌胜利，甘肃省人民政府将其列为省级重点文物保护单位，于1980年8月21日，修建了"腊子口战役纪念碑"。纪念碑宽2.5米，象征二万五千里长征；高9.16米，寓意1935年9月16日攻破天险腊子口。

目前，腊子口已被列入国家爱国主义教育基地、甘肃省爱国主义教育基地、甘肃省中共党史教育基地等，成为进行爱国主义革命传统教育、未成年人思想道德教育、党史教育和荣辱观教育的重要基地之一。

5. 电尕景区简介

电尕景区位于迭部县城附近白龙江两岸，该景区总面积95.42万亩，植被覆盖率80%，海拔2 300～4 232米，分布着丰富的植物种群，栖息着羚羊、雪鸡等珍禽异兽。这里气候宜人，冬无严寒，夏无酷暑，景区森林、水帘洞、雪峰、高山湖泊、宗教寺院、白龙江激情漂流与县城新貌融为一体，地理条件和自然环境优雅。这里具有县城便利的交通、通信、食宿、娱乐条件，是人们旅游观光、避暑度假的最佳去处。位于该景区的迭部县城被不少专家学者誉为"森林之城、人居天堂"。景区内主要有古叠州城遗址、虎头山、南山森林公园、傲傲水帘洞、电尕巴西

迭部县电尕镇麻古旅游村（迭部县农牧局/提供）

寺、拉路本教寺、白龙江激情漂流等。电尕景区是游客在迭部吃、住、行、游、购、娱的中心服务区。

6. 措美峰景区简介

措美峰是迭山的主峰，海拔4 920米，是甘南州境内第一高峰。该景区位于卡坝乡北面。从措美峰俯瞰迭、岷群峰，蜡象奔驰，林海茫茫，松涛澎湃，苍翠万山、雪峰尽收眼底。峰岭峻峭的山间，遍布着浓

措美峰（迭部县农牧局/提供）

密的森林、草原牧场。山水相依，云雾飘渺，自然清纯，景致异常壮观。景区内有麝、盘羊、雪鸡等珍禽异兽栖息在高山雪峰中，是一处宏大的天然动物园。景区内藏寨、牧场、农田、寺院、森林、雪山在蓝天白云的映衬下给人天人合一、世外桃源的感觉。

7. 俄界景区简介

俄界景区位于县城东南40千米处的达拉乡。白龙江上的最大支流达拉河南北贯穿岷山，成为岷山山脉中的一条通川古道。唐朝将领李道彦进袭吐谷浑，元世祖忽必烈镇云南等运兵征战，均经此道入川。举世闻名的中国工农红军二万五千里长征途经此处，在达拉乡高吉村召开了具有重要历史意义的"俄界会议"，会议主要做出了五个决定：一是通过了《关于张国焘同志错误的决定》；二是会议同意彭德怀同志提出的关于缩小部队编制的决定，决定成立中国工农红军陕甘支队；三是成立了毛泽东、周恩来、王稼祥、彭德怀和林彪组成的五人团，作为全军的最高领导核心；四是成立编制委员会，以李德为主任负责部队的编制工作；五是确定了红军继续北上的方针。俄界会议确定了红军北上战略方针，战胜了张国焘分裂破坏党和红军的错误，对胜利完成长征具有极为重要的意义。达拉沟境内，千里岷山横纵东西，幽谷清涧，野花清香，百鸟鸣唱，鹿嗷青山，满山遍野全是绿的世界、花的沃土、鸟的乐园、野生动物的栖息地。景区内主要有俄界会议遗址、古芳州城遗址、苟吉寺、恰日寺、高吉藏寨、岗岭藏寨、电站库区等景点，2014年被评为国家AAA级旅游景区。

俄界会议遗址（迭部县农牧局/提供）

俄界会议石碑（迭部县农牧局/提供）

8. 迭部县周边公路里程（参考）

东线： 迭部县——两河口（G212线），169千米

迭部县 $\overset{18千米}{\rule{2cm}{0.4pt}}$ 白云 $\overset{11千米}{\rule{2cm}{0.4pt}}$ 卡坝 $\overset{3千米}{\rule{2cm}{0.4pt}}$ 达拉沟口 $\overset{4千米}{\rule{2cm}{0.4pt}}$ 尼傲 $\overset{8千米}{\rule{2cm}{0.4pt}}$ 旺藏 $\overset{14千米}{\rule{2cm}{0.4pt}}$ 亚日卡 $\overset{26千米}{\rule{2cm}{0.4pt}}$ 古　寺 $\overset{6千米}{\rule{2cm}{0.4pt}}$ 洛大 $\overset{62千米}{\rule{2cm}{0.4pt}}$ 舟曲 $\overset{17千米}{\rule{2cm}{0.4pt}}$ 两河口

西线：迭部县——合作，237千米

迭部县 $\overset{65千米}{\rule{2cm}{0.4pt}}$ 热道巴 $\overset{13千米}{\rule{2cm}{0.4pt}}$ 郎木寺 $\overset{86千米}{\rule{2cm}{0.4pt}}$ 碌曲县 $\overset{83千米}{\rule{2cm}{0.4pt}}$ 合作

西北线：迭部县——合作，197千米

迭部县 $\overset{28千米}{\rule{2cm}{0.4pt}}$ 扎尕那 $\overset{99千米}{\rule{2cm}{0.4pt}}$ 麻录 $\overset{14千米}{\rule{2cm}{0.4pt}}$ 江果河 $\overset{56千米}{\rule{2cm}{0.4pt}}$ 合作

东北线：迭部县——岷县（G212线），172千米

迭部县 $\overset{102千米}{\rule{2cm}{0.4pt}}$ 腊子口 $\overset{57千米}{\rule{2cm}{0.4pt}}$ 巴仁桥 $\overset{13千米}{\rule{2cm}{0.4pt}}$ 岷县

东南线：迭部县——九寨沟，170千米

迭部县 $\overset{58千米}{\rule{2cm}{0.4pt}}$ 麻牙 $\overset{58.6千米}{\rule{2cm}{0.4pt}}$ 羊布雷英卡 $\overset{53.4千米}{\rule{2cm}{0.4pt}}$ 九寨沟

其他：

迭部县——郎木寺，78千米　　　迭部——碌曲则岔，202千米

腊子口——哈达铺，78千米　　　迭部——拉卜楞，304千米

迭部县——九寨沟，170千米　　麻牙——九寨沟，112千米

迭部县——腊子口，102千米　　迭部县——多儿羊布，98千米

迭部县——俄界会址，63千米　迭部县——次日那，44千米

迭部县——门日佛洞，52千米　迭部县——扎尕那，28千米

腊子口——九寨沟，160千米　迭部县——兰州，441千米（东北线）

腊子口——兰州，339千米　　迭部县——兰州，506千米（西北线）

迭部县——傲傲水帘洞，5千米 迭部县——录坝姊妹湖，98千米

马家窑陶罐（迭部县农牧局/提供）

新石器晚期至战国（前3000—前221年）：

早在3000年以前，迭部县白龙江流域已经出现了游牧文明的萌芽。

三国（220—265年）：

公元227年，蜀相诸葛亮伐魏，迭部遂归蜀汉益州阴平郡所辖，蜀汉名将姜维在境东沓中屯兵种麦储粮，将内地先进的汉民族农业文明引进到迭部。

西晋、东晋（265—420年）：

公元312年，吐谷浑时期形成了早期的农林牧复合模式。

唐朝（618—907年）：

开元二十二年（734年），玄宗遣使与吐蕃在赤岭（今青海日月山）立碑为界，相约皆罢守备，以利耕牧。

宋、辽、夏、金（960—1297年）：

绍兴十七年五月，金人在秦、巩、洮等地设榷场，与西夏及诸番族进行贸易。至绍兴二十九年（1159年），又废除洮州等处榷场。

南宋孝宗隆兴二年（1164年），金又复置洮州榷场。

宋王室南渡后，对南坪、文州等八个茶场进行定期贸易，叠州番马半年或三个月前往交易一次。其中洮、叠两地所产均为良马。

理宗景定二年（1261年），八思巴在赴京途中，路过卓尼，见此地山川灵秀，示意在此建寺。至1295年建成卓尼大寺。

元（1271—1368年）：

跋喜饶巴尔奉八思巴之命回家乡弘扬圣教，创建了电尕寺。

清（1644—1911年）：

清仿宋、明之制，在陕、甘两省设御史，专理茶马互市并设洮、岷、河等州茶马市，以茶易马，亦换牛、羊。

康熙四十九年（1710年），卓尼大寺第二任僧官阿旺陈勒加措赴京朝贡，康熙帝赐"崇梵净觉禅师"名号，并赐"禅定寺"匾额。

雍正七年（1729年），雍正帝降旨废世袭僧钢司，敕赐黑峪寺为"归化寺"，并赐"万岁金牌"一面。

乾隆年间（1745年），原卓尼七步寺及稞骆寺僧人俄仁巴·罗藏彭措和桑吉益希创建旺藏寺，初建时因本教盛行，皈依佛教出家为僧者很少，乾隆十九年至二十五年，卓尼第十三代土司杨昭之祖母仁钦华宗护政，曾下令"兄弟二人一人须出家，兄弟三人者二人须出家为僧"。自此，寺僧增多，鼎盛时多达400余人。该寺初由卓尼禅定寺派喇嘛二人担任法台，后成定制。

乾隆三十五年（1770年），夏藏阿米徐哇·图丹扎巴创建桑坝赛塘寺（又称1758年创建）。

中华民国（1912—1949年）：

1924年，美国地理学会派遣以约瑟弗·洛克为首的考察团赴卓尼考察，在电尕、光釜山一带进行考察，收集大量植物标本。考察长达3年之久。

1935年9月12日，中共党中央在俄界召开政治局紧急扩大会议，史称俄界会议。9月17日，红四团向腊子口国民党守军发起进攻，一举攻克腊子口。同年10月16日，《正风》半月刊杂志发表张鹤年撰写的《甘肃叠州物产之调查及屯垦之计划》一文，记录了对当时迭部地区的垦地面积、有利条件和困难、作物种类、役畜、农具、物价、林木及水利等方面实地调查的情况和数据。

1938年，卓尼县境内阿夏北赛村发生牛瘟，发病245头，死210头。

1938—1942年，卓尼设治局受内政部禁烟委员会指示，对辖区下迭部所种罂粟实行铲禁。

1941年，中央垦务局在岷县成立农林部岷县垦区管理局，并计划在叠州设立第四垦场，任承统先生曾赴叠州实地调查，并撰写了调查报告，但垦场未得到实施。

1942年，中央农林部洮河流域国有林区管理处主任程景皓和技师周重光随同武装禁烟队到迭部林区进行考察，整理撰写了《白龙江上游的森林》，还著有《岷县南部森林初步勘测》《拉子里河重要林木树杆解析》等文章。是年，日本人田中三郎在白龙江流域采集植物和药物标本。

中华人民共和国（1949年10月1日至今）：

1950年10月1日，中共卓尼工作委员会和卓尼自治区行政委员会同时成立，原卓尼土司迭部辖区"后山十四旗"遂归卓尼自治区管辖。

1955年5月，卓尼县召开第一届人民代表大会第一次会议，选举产生卓尼县人民委员会领导机构，同时撤销卓尼自治区人民行政委员会，确定在48旗基础上建立9区、1镇的基层机构。同月，根据《中华人民共和国宪法》，甘南藏族自治区更名为甘南藏族自治州。

1957年，下迭区在旺藏、次儿那、哈阿卡3个村组建农业合作社，通过以点带面全面实现农业合作化。

1958年1月20日，上、下迭部及卓尼全县全面实现了农业合作化。8月27日，中共卓尼县委发出在全县掀起宣传和建立人民公社的紧急通知，要求上、下迭部"再不经过合作化，原计划建立的合营牧场、合作社全部直接建为人民公社，于9月5日前全部建成"。

1959年，甘肃省农垦局于洛大新寺安置河南开封地区支边青年1800余人，开办洛大农场，分新寺、麻牙、爪咱3个耕作区。

1960年，中国林业科学研究院林业科学研究所负责组织综合考察队（协作单位有北京师范大学地理系、兰州大学生物系、白龙江林业局及各林场），在白龙江森林最集中的中上游地区选点进行了自然地理、土壤、林型、测树、育林、资源植物及主要乔灌木生物学特性等方面的综合考察。是年，甘肃省农垦局在迭部开办的国营电尕农场，始配两台中型拖拉机和一辆农用解放牌汽车，投入场内机耕和拉运作业。从此，开启了迭部县使用拖拉机和汽车的历史。

1961年12月15日，国务院决定恢复碌曲、玛曲、夏河、卓尼四县，撤销德乌鲁市，设立迭部县。

1962年1月1日，迭部县正式成立。并于年初撤销上迭区和下迭区，以原有公社设置为基础建立益哇、电尕、卡坝、达拉、麻牙、多儿、阿夏、洛大、桑坝、腊子（新建）10个乡人民政府，乡以下设公社。

1964年起，迭部县农技站开始在电尕、旺藏、洛大建立种子繁育田，引进阿勃系和甘麦系小麦品种，进行试种推广，增产成效显著，本县小麦亩产由50千克左右提高到100千克左右。

1965年10月19日至25日，迭部县人民委员会召开了迭部县五好社员和先进生产者会议，为推动农牧业生产，起到了促进作用。

1968年，迭部县农牧民代表大会委员会成立，设立委员15人。

1968年7月，白龙江林业管理局在电尕乡白云村附近设立了省属国营森工企业长征林业局（1971年改称迭部林业局）。

1975年3月13日，迭部县成立园艺场。10月27日，甘、川两省岷山地区护林联防第十分会在迭部县城召开。

1974—1975年，白龙江林业管理局调查队、洮河林业局调查队、甘南州森林调查队，分别对所辖林区完成了"五四"清查，提供了解放以来较为完整的森林资源数据。是年，迭部县委根据全省牧区工作会议精神，以〔1975〕31号文件确定本县生产方针为"农牧并举，农林牧结合，全面发展"，并划定益哇、电尕、卡坝、达拉、阿夏、多儿、腊子口7个公社为半农半牧公社，22个大队、124个生产队为半农半牧生产队。

1976年3月3日，迭部县委县政府在电尕乡根古大队吉爱那村南荒坡上，召开了全县"三万亩"农田水利基本建设工程誓师大会。4月24日，迭部县革委会下文通知根据《全省牧区工作会议纪要》精神，经甘南州委批准，将全县20个半农半牧生产队转为牧业生产队。12月9日，迭部县成立农科所。

1977年2月26日，迭部县良种场成立。

1978年，迭部县组织林科人员，对洛大、腊子、桑坝三乡的野生漆树资源和储量进行了调查。

1979年底，迭部县开始施行"分组作业、联产计酬"的生产责任制。

1980年8月14日，中共甘肃省委、省人民政府〔1980〕94号文批准甘南州委《关于迭部县贯彻以林为主生产方针问题的报告》，确定迭部县实行"以林为主，林农牧副综合发展"的生产方针。从此，迭部县除省属森工企业原有的8个林场外，又新开办了4个县属林场，林业得到迅速发展，林业产值逐年增加，林业收入的比重逐年增大，林业逐步成为迭部县支柱产业。是年，县委宣传部和文教局主办的《腊子口》文艺第一期印书发行。至1983年，该杂志共出三期后停办。

1981年，迭部县贯彻中共中央印发《关于进一步加强和完善农业生产责任制的几个问题的通知》精神，至1982年年底256个生产队7654个农户全部实行家庭联产承包责任制，将耕地牲畜和其他主要生产资料分户承包经营。

1984年7月4日，迭部县成立农业区划委员会，下设办公室，开展迭部县农业资源调查与区划工作，先后调查编写了各种专业报告13份，并在此基础上编纂《迭部县农业资源调查及综合区划报告》。是年，迭部县政府重点投资23万元创办了腊子牧场，作为迭部县繁育种畜、发展畜牧业的基地。

1986年1月29日，迭部县决定对林业局实行政企分设，成立迭部县林业公司。9月，迭部县扩建的木材综合加工厂正式建成投产。

1987年5月起，迭部县林技站偕同甘肃农业大学林学系师生，对白龙江上游这部境内的主要林地及白龙江两岸进行了调查采集，历时两年。经标本资料汇总鉴定，列出森林木本植物名录、简志和分布检索表，建立了迭部森林植物标本室。

1989年10月29日，在甘肃省武都县召开的甘、川两省岷山地区护林联防第二十六届会议上，迭部林业局、阿夏乡政府、阿夏林场被评为先进集体。益哇木材检查站检察员阿宝、迭部林业局阿夏林场职工林玉琛被评为先进个人。

1990年10月11日，在四川省茂县召开的甘、川两省岷山地区护林防火联防第二十七届会议上，阿夏林场、阿夏乡政府被评为先进集体。益哇护林站站长阿宝、迭部林业局副局长杨建新被评为先进个人。11月20日，由迭部县林业公司投资修筑的益哇乡牙那村至当多沟的25千米林区公路正式修通。

2012年7月17日，迭部县成立迭部县重要农业文化遗产发掘工作领导小组。9月14日，迭部县人民政府组织有关专家对《迭部扎尕那农林牧复合系统农业文化遗产保护与发展规划》进行了评审。

2013年5月，"甘肃迭部扎尕那农林牧复合系统"被农业部认定为首批中国重要农业文化遗产（China-NIAHS）。

附录 **3** 全球／中国重要农业文化遗产名录

1. 全球重要农业文化遗产

2002年，联合国粮农组织（FAO）发起了全球重要农业文化遗产（Globally Important Agricultural Heritage Systems, GIAHS）保护项目，旨在建立全球重要农业文化遗产及其有关的景观、生物多样性、知识和文化保护体系，并在世界范围内得到认可与保护，使之成为可持续管理的基础。

按照FAO的定义，GIAHS是"农村与其所处环境长期协同进化和动态适应下所形成的独特的土地利用系统和农业景观，这些系统与景观具有丰富的生物多样性，而且可以满足当地社会经济与文化发展的需要，有利于促进区域可持续发展"。

截至2017年3月底，全球共有16个国家的37项传统农业系统被列入GIAHS名录，其中11项在中国。

全球重要农业文化遗产（37项）

序号	区域	国家	系统名称	FAO批准年份
1	亚洲	中国	中国浙江青田稻鱼共生系统 Qingtian Rice–Fish Culture System, China	2005
2			中国云南红河哈尼稻作梯田系统 Honghe Hani Rice Terraces System, China	2010
3			中国江西万年稻作文化系统 Wannian Traditional Rice Culture System, China	2010

续表

序号	区域	国家	系统名称	FAO批准年份
4	亚洲	中国	中国贵州从江侗乡稻-鱼-鸭系统 Congjiang Dong's Rice-Fish-Duck System, China	2011
5			中国云南普洱古茶园与茶文化系统 Pu'er Traditional Tea Agrosystem, China	2012
6			中国内蒙古敖汉旱作农业系统 Aohan Dryland Farming System, China	2012
7			中国河北宣化城市传统葡萄园 Urban Agricultural Heritage of Xuanhua Grape Gardens, China	2013
8			中国浙江绍兴会稽山古香榧群 Shaoxing Kuaijishan Ancient Chinese *Torreya*, China	2013
9			中国陕西佳县古枣园 Jiaxian Traditional Chinese Date Gardens, China	2014
10			中国福建福州茉莉花与茶文化系统 Fuzhou Jasmine and Tea Culture System, China	2014
11			中国江苏兴化垛田传统农业系统 Xinghua Duotian Agrosystem, China	2014
12		菲律宾	菲律宾伊富高稻作梯田系统 Ifugao Rice Terraces, Philippines	2005
13		印度	印度藏红花农业系统 Saffron Heritage of Kashmir, India	2011
14			印度科拉普特传统农业系统 Traditional Agriculture Systems, India	2012
15			印度喀拉拉邦库塔纳德海平面下农耕文化系统 Kuttanad Below Sea Level Farming System, India	2013

续表

序号	区域	国家	系统名称	FAO批准年份
16	亚洲	日本	日本能登半岛山地与沿海乡村景观 Noto's Satoyama and Satoumi, Japan	2011
17			日本佐渡岛稻田-朱鹮共生系统 Sado's Satoyama in Harmony with Japanese Crested Ibis, Japan	2011
18			日本静冈传统茶-草复合系统 Traditional Tea-Grass Integrated System in Shizuoka, Japan	2013
19			日本大分国东半岛林-农-渔复合系统 Kunisaki Peninsula Usa Integrated Forestry, Agriculture and Fisheries System, Japan	2013
20			日本熊本阿苏可持续草地农业系统 Managing Aso Grasslands for Sustainable Agriculture, Japan	2013
21			日本岐阜长良川流域渔业系统 The Ayu of Nagara River System, Japan	2015
22			日本宫崎山地农林复合系统 Takachihogo-Shiibayama Mountainous Agriculture and Forestry System, Japan	2015
23			日本和歌山青梅种植系统 Minabe-Tanabe Ume System, Japan	2015
24		韩国	韩国济州岛石墙农业系统 Jeju Batdam Agricultural System, Korea	2014
25			韩国青山岛板石梯田农作系统 Traditional Gudeuljang Irrigated Rice Terraces in Cheongsando, Korea	2014
26		伊朗	伊朗喀山坎儿井灌溉系统 Qanat Irrigated Agricultural Heritage Systems of Kashan, Iran	2014

续表

序号	区域	国家	系统名称	FAO批准年份
27	亚洲	阿联酋	阿联酋艾尔与里瓦绿洲传统椰枣种植系统 Al Ain and Liwa Historical Date Palm Oases, the United Arab Emirates	2015
28		孟加拉	孟加拉国浮田农作系统 Floating Garden Agricultural System, Bangladesh	2015
29	非洲	阿尔及利亚	阿尔及利亚埃尔韦德绿洲农业系统 Ghout System, Algeria	2005
30		突尼斯	突尼斯加法萨绿洲农业系统 Gafsa Oases, Tunisia	2005
31		肯尼亚	肯尼亚马赛草原游牧系统 Oldonyonokie/Olkeri Maasai Pastoralist Heritage Site, Kenya	2008
32		坦桑尼亚	坦桑尼亚马赛游牧系统 Engaresero Maasai Pastoralist Heritage Area, Tanzania	2008
33			坦桑尼亚基哈巴农林复合系统 Shimbwe Juu Kihamba Agro-forestry Heritage Site, Tanzania	2008
34		摩洛哥	摩洛哥阿特拉斯山脉绿洲农业系统 Oases System in Atlas Mountains, Morocco	2011
35		埃及	埃及锡瓦绿洲椰枣生产系统 Dates Production System in Siwa Oasis, Egypt	2016
36	南美洲	秘鲁	秘鲁安第斯高原农业系统 Andean Agriculture, Peru	2005
37		智利	智利智鲁岛屿农业系统 Chiloé Agriculture, Chile	2005

2. 中国重要农业文化遗产

我国有着悠久灿烂的农耕文化历史，加上不同地区自然与人文的巨大差异，创造了种类繁多、特色明显、经济与生态价值高度统一的重要农业文化遗产。这些都是我国劳动人民凭借独特而多样的自然条件和他们的勤劳与智慧，创造出的农业文化的典范，蕴含着天人合一的哲学思想，具有较高的历史文化价值。农业部于2012年开始中国重要农业文化遗产发掘工作，旨在加强我国重要农业文化遗产的挖掘、保护、传承和利用，从而使中国成为世界上第一个开展国家级农业文化遗产评选与保护的国家。

中国重要农业文化遗产是指"人类与其所处环境长期协同发展中，创造并传承至今的独特的农业生产系统，这些系统具有丰富的农业生物多样性、传统知识与技术体系和独特的生态与文化景观等，对我国农业文化传承、农业可持续发展和农业功能拓展具有重要的科学价值和实践意义"。

截至2017年3月底，全国共有62个传统农业系统被认定为中国重要农业文化遗产。

中国重要农业文化遗产（62项）

序号	省份	系统名称	农业部批准年份
1	北京	北京平谷四座楼麻核桃生产系统	2015
2		北京京西稻作文化系统	2015
3	天津	天津滨海崔庄古冬枣园	2014
4	河北	河北宣化城市传统葡萄园	2013
5		河北宽城传统板栗栽培系统	2014
6		河北涉县旱作梯田系统	2014
7	内蒙古	内蒙古敖汉旱作农业系统	2013
8		内蒙古阿鲁科尔沁草原游牧系统	2014
9	辽宁	辽宁鞍山南果梨栽培系统	2013
10		辽宁宽甸柱参传统栽培体系	2013
11		辽宁桓仁京租稻栽培系统	2015

序号	省份	系统名称	农业部批准年份
12	吉林	吉林延边苹果梨栽培系统	2015
13	黑龙江	黑龙江抚远赫哲族鱼文化系统	2015
14		黑龙江宁安响水稻作文化系统	2015
15	江苏	江苏兴化垛田传统农业系统	2013
16		江苏泰兴银杏栽培系统	2015
17	浙江	浙江青田稻鱼共生系统	2013
18		浙江绍兴会稽山古香榧群	2013
19		浙江杭州西湖龙井茶文化系统	2014
20		浙江湖州桑基鱼塘系统	2014
21		浙江庆元香菇文化系统	2014
22		浙江仙居杨梅栽培系统	2015
23		浙江云和梯田农业系统	2015
24	安徽	安徽寿县芍陂（安丰塘）及灌区农业系统	2015
25		安徽休宁山泉流水养鱼系统	2015
26	福建	福建福州茉莉花与茶文化系统	2013
27		福建尤溪联合梯田	2013
28		福建安溪铁观音茶文化系统	2014
29	江西	江西万年稻作文化系统	2013
30		江西崇义客家梯田系统	2014
31	山东	山东夏津黄河故道古桑树群	2014
32		山东枣庄古枣林	2015
33		山东乐陵枣林复合系统	2015
34	河南	河南灵宝川塬古枣林	2015
35	湖北	湖北赤壁羊楼洞砖茶文化系统	2014
36		湖北恩施玉露茶文化系统	2015

序号	省份	系统名称	农业部批准年份
37	湖南	湖南新化紫鹊界梯田	2013
38		湖南新晃侗藏红米种植系统	2014
39	广东	广东潮安凤凰单丛茶文化系统	2014
40	广西	广西龙胜龙脊梯田系统	2014
41		广西隆安壮族"那文化"稻作文化系统	2015
42	四川	四川江油辛夷花传统栽培体系	2014
43		四川苍溪雪梨栽培系统	2015
44		四川美姑苦荞栽培系统	2015
45	贵州	贵州从江侗乡稻-鱼-鸭系统	2013
46		贵州花溪古茶树与茶文化系统	2015
47	云南	云南红河哈尼稻作梯田系统	2013
48		云南普洱古茶园与茶文化系统	2013
49		云南漾濞核桃-作物复合系统	2013
50		云南广南八宝稻作生态系统	2014
51		云南剑川稻麦复种系统	2014
52		云南双江勐库古茶园与茶文化系统	2015
53	陕西	陕西佳县古枣园	2013
54	甘肃	甘肃皋兰什川古梨园	2013
55		甘肃迭部扎尕那农林牧复合系统	2013
56		甘肃岷县当归种植系统	2014
57		甘肃永登苦水玫瑰农作系统	2015
58	宁夏	宁夏灵武长枣种植系统	2014
59		宁夏中宁枸杞种植系统	2015
60	新疆	新疆吐鲁番坎儿井农业系统	2013
61		新疆哈密哈密瓜栽培与贡瓜文化系统	2014
62		新疆奇台旱作农业系统	2015